첫 번째

여행자의 방

여행자의 방 첫 번째

초판 발행일	2019년 7월 30일
2쇄 발행일	2019년 9월 1일
지은이	한국관광공사
펴낸이	김민희, 김준영
편집	김민희, 김준영
교정	김반희
디자인	김승은
영업 마케팅	김영란
제작	더블비
펴낸곳	두사람
주소	서울특별시 마포구 월드컵로14길 24 302호
팩스	02-6442-1718
메일	twopeople1718@gmail.com
출판등록	2016년 2월 1일

ISBN 979-11-90061-05-6(14980) / 979-11-90061-04-9 (세트)

두사람은 여행서 전문가가 만드는 여행 출판사, 여행 콘텐츠 그룹입니다.
독자들을 위한 쉽고 친절한 여행서, 클라이언트를 위한
맞춤 여행 콘텐츠와 서비스를 제공합니다.
Published by TWOPEOPLE, Inc. Printed in Korea
Copyright © 2019 한국관광공사&TWOPEOPLE, Inc.
이 도서의 국립중앙도서관 출판예정도서목록(CIP)은
서지정보유통지원시스템 홈페이지(http://seoji.nl.go.kr)와
국가자료공동목록시스템(http://www.nl.go.kr/kolisnet)에서
이용하실 수 있습니다.(CIP제어번호: CIP2019026064)

이 책의 저작권은 한국관광공사와 두사람에 있습니다.
저작권법에 의해 보호를 받는 저작물이므로 무단 복제 및 무단 전재를 금합니다.
잘못 만들어진 책은 구입하신 서점에서 교환 가능합니다.

첫 번째

여행자의 방

머물고 싶은 그 곳

한국관광공사 지음

프롤로그

여행자들이 말하는
여행자의 방

여행자에게 무엇보다 중요한 것은 방이다. 꽤 괜찮은 숙소를 찾아
머무는 것 자체가 하나의 여행 테마가 된 지 오래다. 숙소는 그 자체로
사람과 지역의 문화를 만날 수 있는 체험이기 때문이다. 한국관광공사에서
품질을 인증한 숙소들을 소개하는 〈여행자의 방〉은 그래서 매력적이다.
어떤 고단한 여행 일정도, 선택에 실패한 맛도 결국 위로가 되는 것은
'그곳의 그 방 덕분'이다. 더욱이 〈여행자의 방〉에서는 여행 약자를 배려한
숙소도 여럿 알려준다. 모든 사람들의 여행이 행복할 수밖에 없는
'그 방'을 알려주는 것, 〈여행자의 방〉이 존재하는 첫 번째 이유일 테다.
떠나자! 여행자의 방으로!

_ 김애진 여행 작가

공간에는 머무는 사람의 영혼이 깃든다는 생각을 종종 한다. 때문에
'여행자의 방'에 들어서면 작은 우주를 유영하는 느낌이 든다.
수많은 여행자들이 도란도란 나눈 그날의 감동과 다음날의 설렘에 관한
이야기들이 방 안 곳곳에 스며들었다고 상상하면, 홀로 머무는 밤이라도
덜 외롭다. 이곳에서 이름 모를 타인이 느꼈을 감동이 내 것과 별반
다르지 않다는 위안, 이것이 〈여행자의 방〉이 매력적인 이유다.

_ 문유선 여행 작가

여행에는 예기치 않은 기쁨이 있기 마련이다. 어쩌다 곁길로 샜을 때
만나게 되는 풍경과 조용한 아침 문밖에 도착한 새소리처럼.
내게는 〈여행자의 방〉이 그랬다. 반질하게 닦아둔 대청마루에 앉아
초록빛 마당을 내다보던 그 시간을 잊지 못해 다시 가방을 싸야만
했으니까.

_ 박은경 한국관광공사 홍보실

품질인증제 인증업소를 선정하는 기준은 열정인가 보다. 취재차 만난
인증업소 관계자들의 공통점은 손님의 편안함을 최우선 가치로 삼는다는
사실이다. 정성스러운 조식, 청결한 침구, 다채로운 부대시설 등 방식은
다르나 모든 노력이 손님의 휴식에 초점을 둔다. 그래서 이들 숙소를
방문하면 적어도 한 가지 이상의 감동을 받게 된다. 여행의 즐거움을
끌어올려주는 소소하지만 확실한 행복. 이 숙소들을 취재하고
소개할 수 있어 기쁘다.

_ 김규보 KTX매거진 기자

지금도 여러 숙소가 머릿속에 떠오른다. 햇볕 받아 따뜻하게 데워진
대청마루에 앉아 기와지붕 위로 구름이 떠가는 풍경을 바라본 기억,
내 집에서는 시도 못해볼 통통 튀는 색감과 인테리어에 감탄한 기억,
주인에게 정원이 예쁘다 말을 건네니 나무 하나하나 이름과 사연을
들려주던 기억까지. 한국관광공사 품질인증숙소는 그날 여행의 피로를
기분 좋게 풀어주는 데서 그치지 않고 여행의 추억이 되어주었다.
청결부터 서비스, 안전까지 꼼꼼하게 검증받은 숙소들이라 기자로서
취재하면서도 손님으로서 숙박하면서도 즐거웠다. 진심을 담아
이곳들을 추천한다.

_ 김현정 KTX매거진 기자

'객실은 깨끗하고, 스태프는 친절하겠지'라는 생각으로 취재에 나섰다.
아이가 뒹굴어도 좋을 만큼 청결했고, 프런트 직원은 환한 미소로
맞아주었다. 그뿐 아니었다. 조식으로 나오는 토스트에 곁들일 잼을
직접 만들고, 숙소 주위 교통편과 가볼 만한 곳을 정리한 리스트를
제공하는 등 사소한 것에 여러 번 감동받았다. '내가 이용객이라면?'이라는
생각에서 시작한 실천들. 여행지에서 받았던 설렘을 숙소에서도
받는 셈이다. 취재 때마다 숙소로 향하는 길이 두근두근했다.
이런 숙소를 한 권에 묶어 소개한다니, 저부터 소장해야겠어요.

_ 표다정 KTX매거진 기자

〈**여행자의 방**_첫 번째〉에 소개된
한국관광 품질인증제 선정 숙소

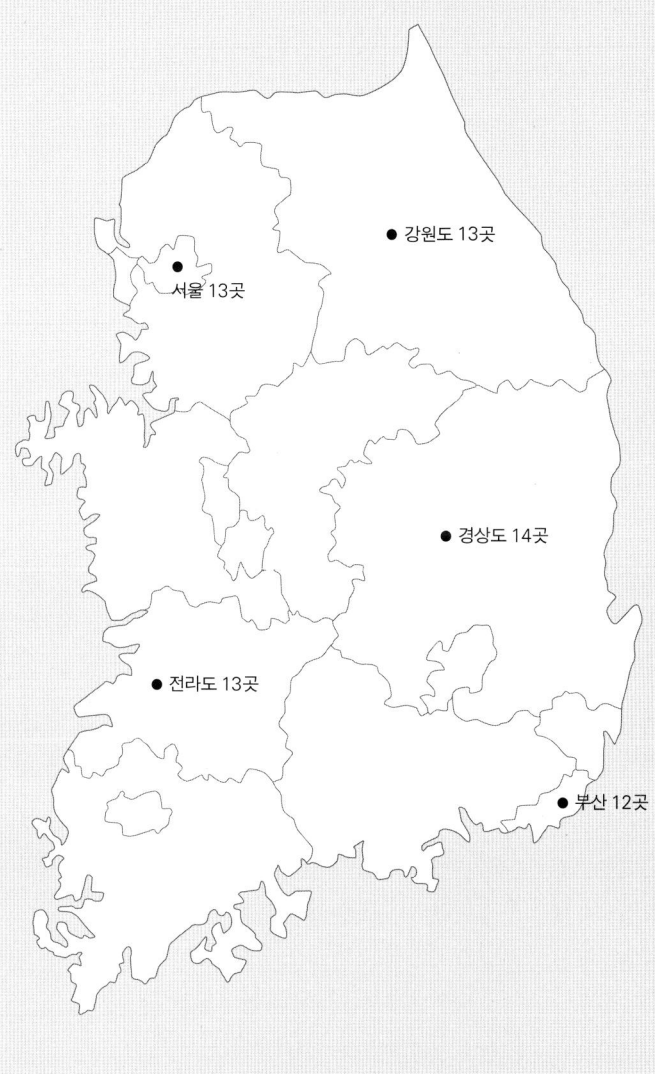

차례		

프롤로그　여행자들이 말하는 여행자의 방　　4

서울

도심 속 한옥의 밤	숨어서 빛나는 _ 시은재한옥호텔	16
	마이 스윗 홈 _ 서촌게스트하우스	20
	궁궐터에 자리한 옛집 _ 문게스트하우스	24
	푸근한 정이 그리울 땐 _ 게스트하우스 서울삼촌	28

사계절이 돋보이는 방	명동에서의 하룻밤 _ 르와지르 호텔 서울 명동	34
	근사한 카페가 있는 숙소 _ 어반 플레이스 강남	38
	여행자를 위한 모든 것 _ 57 명동호스텔	40
	햇살이 머무는 자리 _ 호텔 루체브릿지	44

아름다운 종로의 시간	전망 좋은 방 _ 서머셋 팰리스 서울	48
	자연 친화적인 분위기 _ 호텔 나포레	52
	단골 삼고 싶은 _ 경복궁24게스트하우스	54
	묵직하고 편안한 기운 _ 담소정	58
	맑고 고운 하룻밤 _ 청연재	62

주변 관광지 _ 서울　　66

강원도

당신이 꿈꾸던 어떤 방	여백이 춤추는 방 _ 힐리언스 선마을	76
	글이 노는 방 _ 춘천일기스테이	80
	마당 깊은 방 _ 북설악황토마을	84
	잠들기 아까운 밤 _ 강릉선교장	88

싱그러운 하룻밤의 휴식	가뿐한 마음으로 머무는 _ 강과 소나무 펜션	94
	아이들 천국 _ 숲속의 요정	98
	내 집 같은 한옥 _ 태백산 한옥펜션	102
	전통 양반가의 생활 _ 강릉오죽한옥마을	106
멋과 즐거움이 가득한 도심	부모님과 잊지 못할 시간 _ MGM 호텔	112
	질릴 틈 없는 방 _ 위드유	114
	클래식한 멋 _ 아마란스 호텔	118
	여행자에게 귀 기울이는 서비스 _ 호텔K	122
	주변 관광지 _ 강원도	124

부산

바람과 파도의 노래	낙조가 스미는 호텔 _ 선셋호텔	134
	여성 여행자를 위한 방 _ 해운대비지니스호텔S	138
	다시 가고 싶은 _ 베스트루이스해밀턴호텔	140
	내 집 같은 편안함 _ 더 마크호텔	144
소란한 낮, 고요한 밤	항구의 밤 _ 크라운하버 호텔 부산	148
	이토록 좋은 자리 _ 아르반호텔	150
	아늑하고 편안한 밤 _ 레지던스 머뭄	154
	여행자가 만든 여행자의 방 _ 비센트	156
가족 여행자를 위한 방	두루두루 둘러보려면 잠이 보약 _ 센트럴파크호텔	160
	부산 여행의 시작과 끝 _ 르이데아호텔	162
	오롯이 우리 가족을 위한 공간 _ 지앤비호텔	164
	해수욕 후 수영 한 번 더 _ 코오롱씨클라우드호텔	166
	주변 관광지 _ 부산	168

경상도

청송의 오래된 방
- 고향집이 생긴 듯 _ 송정 고택 … 176
- 차향 그윽한 _ 청원당 … 180
- 따뜻하고 아늑한 _ 찰방공 종택 … 184
- 예술의 향기가 피어나는 _ 창실 고택 … 188

꽃향기 은은한 신라의 달밤
- 문화재에서 잠드는 밤 _ 향단 … 194
- 제대로 지은 신축 한옥 _ 소설재 … 198
- 포근한 품이 그리울 때 _ 와담정&경주한옥1번가 … 202

일상도 여행도 잠시 숨 고르는 곳
- 차곡차곡 모아두고 싶은 밤 _ 전통 리조트 구름에 … 208
- 세월이 빛나는 따스한 집 _ 학봉 종택 … 212
- 울창한 솔숲에서의 하룻밤 _ 이상루 … 216
- 소란이 잦아드는 정갈한 방 _ 치암 고택 … 220

여행자를 위한 아지트
- 너와 나의 아지트 _ 블루보트 게스트하우스 … 226
- 진심과 소신이 묻어나는 _ 141미니호텔 … 228
- 아이들과 함께라면 _ 신라부티크호텔 프리미엄 … 230

주변 관광지 _ 경상도 … 232

전라도

내 집만큼 친숙한, 호텔처럼 편리한
- 한옥을 느끼며 편리하게 _ 인연 … 238
- 전주의, 전주에 의한 _ 이화호텔 … 242
- 아늑한 마당이 있는 _ 한옥이야기 … 244

안온이 깃든 남원의 방
- 안락하게 잠드는 한옥 _ 남원예촌 … 248
- 이야기 깊은 한옥 _ 지리산한옥마을 … 252
- 조용하고 쾌적한 휴식처 _ 메이드 모텔 … 256

남도의 선물 같은 하룻밤	고즈넉한 한옥의 밤 _ 산에는 꽃이 피네	260
	빈티지함이 돋보이는 공간 _ 샤르망호텔	264
	감성 가득 목포 바다를 방 안에서 _ 마리나베이호텔	268
포근한 봄볕이 깃드는 방	봄을 즐기는 또 하나의 방법 _ 설아다원	272
	24시간 바다와 함께 _ 완도원네스리조트	276
	툇마루에 앉아 감상하는 봄 _ 해마루힐링숲	278
	건강한 곳에서 치유의 시간을 _ 완도무릉도원	280
	주변 관광지 _ 전라도	282

제주도

여행을 조금 더 특별하게	한적한 쉼이 있는 _ 꿈꾸는 노마드	288
	제주도라고 바다만 볼 수 있나요 _ 더 세리 리조트	292
	올레길을 사랑하는 이들이 모여 _ 올레스테이	296
	푸른 제주를 닮은 _ 제주R호텔	300
푸른 밤의 따뜻한 꿈	고요히 해변을 바라보며 _ 비치 스토리 호텔	304
	'누구'나 동등하게 편안한 _ 엘린 호텔	306
	클래식한 멋의 인테리어 _ 늘송파크텔	308
	한 땀 한 땀 세심한 서비스 _ 메이플 호텔	310
	주변 관광지 _ 제주도	312

서울

도심 속 한옥의 밤

숨어서
빛나는

어린 날 외갓집에 놀러온 듯 바둑판, 찬장, 자개장, 의자 등
오래된 아름다운 물건들이 가득하다.

시은재한옥호텔

등잔 밑이 어둡다 했다. 매번 다니던 낙원상가 대로 옆 골목에 자리한 시은재는 이름 그대로 도심 속에 숨어 있다. 150살이 훌쩍 넘은 이 집을 지키는 이는 이 집에서 태어난 김종철 씨다. 휴전 후 피난길에서 돌아와 어머니와 놀던 순간 툇마루로 들던 햇살이 아직도 생생하다 말하는 그의 주름진 얼굴에 살포시 웃음이 깃들었다. 그날의 따뜻한 햇살이 집을 닦고 쓸고 윤내게 하는 원동력이 됐단다.

흥선대원군이 경복궁 중건을 위해 마련한 목재 창고에 불이 나는 바람에 궁궐 짓는 목수가 할 일이 없어져 이 집을 지었다는 믿거나 말거나 한 이야기가 전해진다. 집 안 구석구석 나무를 둥글린 마름새, 한 치 흐트러짐이 없는 나무 기둥의 선들까지 장인의 손길과 정성이 고스란히 느껴진다. 벽과 지붕이 두꺼워 한여름에도 평균기온보다 3~4도가 낮단다. 집에 햇살이 내려앉는 순간은 꿈처럼 아름답다. 정갈한 온기가 곳곳을 가만히 살피는 듯하다.

안채와 별채로 구분되는데 별채 큰방, 안채 안방 모두 넓은 편이다. 한옥이지만 현대의 시설들이 완벽히 갖춰진 덕에 불편 없이 지낼 수 있다. 조식은 달걀, 빵, 잼, 우유, 주스 등을 갖춘 콘티넨털식으로 부엌에서 셀프로 차려 먹으면 된다.

외국인 손님들이 묵는 경우 그 나라의 국기를 게양하는 주인장의 센스는 체크아웃 때 건네주는 기념사진에서 더욱 빛난다. 툇마루에 앉아 찍은 사진 뒤로 조선시대 문신이자 서화가였던 석촌 윤용구, 시남 민병석이 이 집을 다녀가고 쓴 현판이 빛난다.

서울 종로구 삼일대로 439
010-5355-3029
오후 3시 체크인, 오전 11시 체크아웃
(입실 시 신분증 제시)
안방 17만 5천원, 별채 15만원,
작은방 10만원, 전체 35만원
간편식 조리 가능
예약 당일 취소 시 100% 환불

마이
스윗
홈

내 집 같은 편안함은 덤. 2층으로 올라가면 서촌 전경이 펼쳐지는 작은 테라스가 있다.

서촌게스트하우스

열린 대문 틈으로 소담한 마당이 보인다. 댓돌 옆에 정갈하게 놓인 신발, 이제 막 피기 시작한 백일홍, 햇살 아래 곱게 널어둔 이불까지 눈길이 닿지 않는 곳이 없다. 미닫이문을 열고 집 안으로 들어가면 '다녀왔습니다'라는 인사말이 절로 나올 만큼 여느 집의 것과 흡사한 거실 풍경이 펼쳐진다. 반찬 냄새, 일상의 소리들이 한데 뒤섞여 낯선 곳에 발 들인 여행자의 마음을 순식간에 풀어놓는다.

1935년 지어진 이 집은 몇 년 전부터 게스트하우스 주인인 이병언 씨의 소유가 됐다. 엄마, 이모라고 부르고 싶은 그녀의 집은 게스트하우스 2층에 자리하고, 1층 본채와 별채에 마련된 '재' '미' '난' '안' 방이 손님방이다. 한옥과 양옥이 연결된 구조가 독특하고 예뻐 집을 기웃대는 사람들이 많다고. 숙박비에 포함된 조식은 이병언 씨의 식구가 먹는 한식 밥상이다. 나물, 김치, 집에서 먹는 밑반찬에 요리 한두 가지가 포함된 알찬 한 상이다. 밥상 덕분에 세 번 이상 재방문 혹은 며칠씩 묵는 손님도 많다.

방은 네 개, 화장실은 세 개다. 화장실을 공동 사용하게 하고 싶지 않아 방 세 개가 예약되면 나머지 하나는 예약을 막아둔단다. 그만큼 손님을 위한 배려가 깊고 세심하다. 세상 사람들이 찾아와 이런 얘기, 저런 얘기 전해주는 게 참 좋다는 주인장을 그대로 닮은 이곳. 편하고, 따뜻하고, 다시 찾고 싶다.

서울 종로구 자하문로7길 28-3
010-3345-9680
www.seochonguesthouse.com
오후 3시 체크인, 오전 11시 체크아웃
재방 11만원, 안방 10만원,
미방 9만9천원, 난방 6만6천원
(재방, 안방 3인 이상 숙박 시 추가 요금)
주차 시 인근 유료 주차장 이용
(종일 2만원, 주말 한정 개방 대로변
주차 가능), 취사 불가
체크인 9일 전까지 취소 시 100% 환불

궁궐터에 자리한 옛집

도심의 활기도 궁궐터의 고즈넉함도 놓치지 않은 공간이 어디에 또 있을까.

문게스트하우스

운현궁터였던 곳에 한국전쟁 직후 지어진 한옥으로 오일 스테인을 바르지 않아 나무 본연의 색감이 아름다운 집이다. 안주인의 시어머니가 시부모님 모시고 살던 것을 시작으로 현재까지 4대가 살던 집을 10여 년 전부터 게스트하우스로 운영하기 시작했다.

집은 본채와 별채로 나뉘어 있다. 본채에는 운현당, 마당, 부엌 외 두 개의 방이, 별채에는 라일락, 로즈, 코스모스로 이름 붙인 세 개의 방과 독립된 마당이 있다. 낮 시간에는 다양한 문화체험 행사를 진행한다. 다도, 한복 입기 체험, 탁본 뜨기, 전통 악기 체험, 고추장 담그기, 김치 만들기, 서예 체험 등이 수요에 따라 열린다. 한문 선생님으로 재직했던 남편이 서예와 탁본을, 종갓집 맏며느리로 살림에 도가 튼 안주인이 한복 입기 체험과 김치·고추장 만들기 체험을 주관한다. 그리기와 악기 체험은 이웃 예술가들을 강사로 초빙한다. 운현당 중간문을 개방하면 대회의실로 사용할 수 있을 만큼 큰 규모라 단체 관광객도 많은 편이다.

누구와도 쉽게 친해지는 성격의 안주인은 돈 버는 것보다 숙박과 다양한 문화체험을 한 사람들이 만족하고 웃으면서 가는 걸 보는 게 제일 좋단다. 담 옆은 운현초등학교 운동장, 그 외 주변은 업무지구라 밤에는 무척 고요하다. 미리 이야기하면 마당에서 바비큐도 가능하다.

서울 종로구 삼일대로32길 31-18
02-745-8008
www.moonguesthouse.com
오후 2시 체크인, 오전 10시 체크아웃
운현당 33만원, PINE 1 11만원,
PINE 2 12만원, LILAC 5만5천원
주차 불가, 취사 불가
예약 당일 취소 시 100% 환불

푸근한
정이
그리울 땐

집밥이 귀한 요즘 정성스런 한 끼 식사에 마음이 움직인다.

게스트하우스 서울삼촌

계동 뒤편으로 난 길을 따라 북촌으로 걸어 올라가다보면 한 번쯤 살아보고 싶다는 생각이 드는 아름다운 풍광의 한옥마을이 나온다. 삐걱거리는 나무문 뒤로 아담한 중정이 보이고, 처마 쪽으로 따스한 햇살이 쏟아질 즈음 대청마루에 앉아 나른한 오후를 만끽하고 싶은 충동이 인다. 게스트하우스 서울삼촌은 이런 마음을 해소하기 좋은 숙소다.

중정을 두고 둘러앉은 행랑채와 안채가 소박하다. 방마다 들어갈 수 있는 인원에 맞춰 1인용 방은 '도', 2인용은 '개', 3인용은 '걸', 4인용 방은 '윷'이라고 이름을 붙여놓았다. 도, 개, 걸, 윷. 기발한 아이디어에 웃음이 나온다. 이곳의 원래 이름은 '모농끌 아 세울(Mon Oncle àSéoul)'. 프랑스어다. 그런데 주민센터 직원부터 옆집 아저씨까지 누구 하나 제대로 알아듣는 사람이 없어서 그냥 서울삼촌이라 부른단다.

주인장인 김태형 씨와 이야기 몇 마디 나눠보니 털털하고 위트 넘치는 성격이 정말 우리 삼촌 같다. 그는 손님과 함께 북촌을 산책하기도 하고, 때로 한옥마을 가이드를 자청하기도 한다. 종로에서 안줏거리라도 사오는 날에는 투숙객 모두 모여 파티를 연다. 서울삼촌의 인기를 드높인 건 조식이다. 매일 반찬을 바꿔가며 직접 준비하는데 음식마다 푸근한 정이 느껴진다.

서울 종로구 계동4길 15-3
010-9753-5432
오후 3시 체크인, 오전 11시 체크아웃
Room Yoot 16만7천원,
Room Girl 16만1천원,
Room Gae 9만2천원
주차 불가, 취사 가능(공동 주방)
체크인 30일 전까지 취소 시 100% 환불,
14일 전까지 취소 시 50% 환불

사계절이 돋보이는 방

명동에서의 하룻밤

객실에서 바라보는 서울 시내와 남산, 특히 야경이 아름답다.

르와지르 호텔 서울 명동

사계절이 돋보이는 방

명동역 주변은 서울에서 가장 번잡한 곳이다. 외국인 관광객이 몰리는 관광지인 만큼 다양한 숙소가 일대를 에워싸고 있다. 르와지르 호텔 서울 명동은 그 많은 숙소 중에서도 관광객들이 가장 선호하는 곳으로 꼽힌다.

이유는 크게 두 가지다. 첫 번째는 수도권 전철 4호선 명동역과 바로 이어진다는 점. 유명 쇼핑몰이었던 밀리오레 빌딩에 자리한 데다 대로변에 위치해 어디서든 찾기 쉽다. 두 번째는 바로 3층 로비 맞은편으로 늘어선 코인 로커이다. 체크인 전이나 체크아웃 후에도 호텔에서 짐을 보관해주는 게 보통이지만, 이용객이 몰리는 숙소의 경우엔 보관이 어려워 캐리어를 끌고 다녀야 하는 일이 생기기도 한다. 이러한 문제를 코인 로커를 도입해 해결한 것. 사소한 배려가 주는 편리함이란 경험해본 이들이라면 모두 아는 바. 더욱이 여행자의 입장이라면 두말할 나위 없다.

객실도 흠잡을 데 없다. 커튼을 걷으면 창밖으로 남산의 풍광이 펼쳐지며 감탄을 자아낸다. 인테리어는 튀는 구석 없이 점잖다. 이곳에서 잠을 청하는 관광객이 무엇을 원하는지 잘 아는 호텔이다.

서울 중구 퇴계로 115
02-6936-6000
www.loisir-md.com
오후 3시 체크인, 정오 체크아웃
스탠더드 더블 25만원,
슈페리어 트윈 27만원,
디럭스 트윈 30만원
주차 가능, 취사 불가, 장애인 객실 있음
체크인 2일 전까지 취소 시 100% 환불

근사한
카페가
있는
숙소

합리적인 가격과 편안한 서비스로 강남을 대표하는
비즈니스호텔로 자리매김했다.

어반 플레이스 강남

어반 플레이스 강남은 강남역에서 도보로 5분 거리에 자리한 비즈니스형 레지던스 호텔이다. 이곳을 이용하는 고객들은 주로 업무 출장을 온 기업인이나 인근 기업의 주재원, 외국인 관광객이 많다. 그만큼 이곳에서는 편하고 아늑한 공간 연출에 초점을 맞추고 있다. 객실 수는 254개. 주방과 세탁 공간을 갖췄고 오로지 휴식에 중점을 두고 편안한 객실을 만드는 데 공을 들였다.

호텔 1층에 위치한 로비와 카페테리아는 미니멀한 디자인의 객실과 달리 감각적인 구성이 돋보인다. 건물 밖 테라스 공간은 잠시 휴식을 취하기에도 좋다. 카페에서 판매하는 빵은 직접 구워 맛이 좋으며, 입 안을 가득 채우는 커피는 고소한 향이 일품이다. 오후 4시까지 제공하는 브런치도 훌륭하다.

서울 서초구 효령로77길 30
02-3474-3399
www.urbanplaces.co.kr
오후 3시 체크인,
오전 11시 체크아웃
스탠더드 트윈 24만2천원,
슈페리어 더블 26만원
주차 가능, 취사 가능
체크인 1일 전까지 취소 시
100% 환불

여행자를
위한
모든 것

호텔에서 공유하는 여행 정보, 맛집 정보가
여행자의 불안한 마음을 달래준다.

57 명동호스텔

호스텔이라는 이름으로 영업하지만 가볍지 않고 진중한 분위기다. 명동 포스트 타워 뒤편 골목에 위치한 57 명동호스텔은 과거 체인호텔 자리에서 리모델링을 거쳐 영업을 시작했다. 건축을 전공한 주인장의 감각과 취향이 녹아 있는 인테리어가 인상적이다. 건물 11층부터 13층까지를 호스텔이 사용하는데, 층별로 한쪽 벽면에 미니 세탁기를 여러 대 배치해 여행객들이 원하는 때 언제든 이용할 수 있도록 했다. 침대 디자인도 독특한데, 아래쪽에 별도의 공간을 만들어 캐리어를 넣을 수 있도록 했다. 덕분에 작은 방의 단점은 쉽게 드러나지 않는다. 공간은 작지만 창이 커서 개방감이 좋다. 건물이 빼곡히 늘어선 도심 전망 또한 낮밤의 매력을 달리한다.

호스텔이지만 분위기가 조용하고 아늑해 공간 자체를 즐길 만한 가치가 충분하다. 외국인 손님이 대부분인데 특히 40대 이상의 가족 단위 손님이 많다. 투숙객의 30% 이상은 재방문 고객으로, 친근하고 배려 깊은 서비스 덕이다. 인근 맛집과 여행 정보를 꾸준히 업데이트하고 손님들과 공유하는 것도 그중 하나. 우리 말이 능통한 외국인 매니저(홍콩, 중국, 일본 등)들을 고용한 것이 신의 한 수다.

작지만 유용한 비즈니스센터가 마련돼 있고 로비 층인 13층에는 무료로 제공되는 조식 레스토랑이 있다. 무료라고 얕볼 일이 아니다. 과일, 빵, 시리얼이 여러 종류로 구비되어 여행자의 허기를 달랜다.

서울 중구 명동2길 57, 13층
02-778-8835
www.57hostel.com
오후 3시 체크인, 오전 11시 체크아웃
싱글 5만원대,
스탠더드 트윈·더블 7만원대,
디럭스 트윈·더블 8만원대,
트리플 9만원대, 패밀리 10만원대
주차 불가, 취사 불가

햇살이
머무는
자리

벽면 한 면이 모두 창으로 되어 있어 채광이 아주 좋다.
기능성 창호 공사를 해놓아 주변 소음도 걱정 없다.

호텔 루체브릿지

2017년 2월 오픈한 덕에 깨끗하고 쾌적하다. 209개 전 객실에 시몬스 침대를 구비했고 객실마다 쿡탑, 세탁기, 전자레인지, 개수대를 마련해 편의를 도모했다. 객실 타입은 총 8가지. 스탠더드, 디럭스, 프리미어, 스위트 타입의 객실을 각각 더블과 트윈으로 나누었다. 특히 프리미어와 스위트 타입 객실은 가성비가 좋은 데다 커다란 책상을 채비한 덕에 업무 공간이 필요한 비즈니스 고객에게 인기다.

일본어, 영어, 중국어를 능숙하게 구사하는 직원들이 24시간 프런트 데스크를 지킨다. 조식 역시 정성껏 차려낸다. 토스트, 샐러드, 스파게티, 만두, 죽, 볶음밥, 과일 등으로 구성한 간단한 뷔페식은 1인당 8,800원. 주변 회사로 출근하는 샐러리맨들이 종종 아침 먹으러 들르기도 한단다.

서울 강서구 마곡동로4길 23
02-2600-8300
www.lucebridge.com
오후 2시 체크인, 정오 체크아웃
스탠더드 더블 8만원,
디럭스 더블 8만5천원,
코너 스위트 11만원,
이그제큐티브 스위트 12만원
(비수기 기준)
주차 가능, 취사 가능,
장애인 객실 있음
체크인 1일 전까지 취소 시
100% 환불

아름다운 종로의 시간

전망 좋은 방

서울 최고의 전망을 볼 수 있다는 것만으로도
이 호텔의 서비스 지수는 별 다섯 개다.

서머셋 팰리스 서울

서울에서 이런 입지 조건을 갖춘 곳도 드물다. 앞으로는 인왕산과 북악산이 우뚝 솟아 있고, 그 아래로 경복궁과 삼청동 일대가 내려다보인다. 길 건너 미국대사관저가 있던 자리는 오랫동안 비워져 있었지만, 그사이 온갖 야생의 생태계가 푸르게 자리를 잡아 오히려 더 볼만한 풍경이 됐다. 한쪽 곁에 자리한 조계사도 특유의 운치를 더한다.

서머셋 팰리스 서울은 국내 최초의 레지던스 중 하나다. 주거 기능을 강화한 숙소다 보니 중·장기 이용객이 많은데, 기꺼이 머물며 멋진 파노라마를 오래 두고 즐기고 싶어진다. 400개의 객실은 크기와 구성이 다르지만 조리가 가능한 주방과 세탁 기능은 모두 갖췄다. 그러면서도 가격은 웬만한 호텔보다 저렴해 가족 단위 숙박에도 적합하다.

구석구석 둘러볼수록 이곳은 가족 단위 이용객을 위한 숙소에 가깝다는 판단이 선다. 루프톱의 바비큐 시설은 여름밤의 가족 파티가 자연스레 연상된다. 루프톱 한편에 수영장도 있는데, 수심이 얕아서 아이들과 물놀이를 즐기기에 안성맞춤이다. 피트니스센터는 어린이 실내 놀이터와 유리벽을 사이에 두고 나란히 있어 운동하면서 아이가 잘 노는지 수시로 확인할 수 있다.

서울 종로구 율곡로2길 7
대표 02-6730-8888,
예약 02-6730-8000
www.somerset.com
오후 3시 체크인, 정오 체크아웃
스튜디오 13만원, 디럭스룸 15만원
(부가세 별도, 2인 조식 포함,
비수기 주중 기준)
주차 가능, 취사 가능, 장애인 객실 있음
예약일 기준 24시간 이내 취소 및
변경 시 1박 요금 부과(프로모션 및
패키지 내용에 따라 차등 적용)

자연
친화적인
분위기

공간으로 들어서는 순간 도심 속 비밀의 숲이 펼쳐진다.

호텔 나포레

조명가게, 작은 공업사들이 도열한 청계천변의 골목 안쪽, 소나무 10그루를 심은 호텔의 작은 앞마당은 다른 차원의 세계로 진입하는 출입문처럼 느껴진다. 실제로 호텔 안으로 들어서면 복잡한 골목의 부산스러움은 완전히 사라지고 고요하고 편안한 기운만이 감돈다.

투숙객에게 내 집 같은 편안함을 선사하고 싶다는 이 호텔에는 슈페리어 더블, 슈페리어 트윈, 디럭스 트윈, 패밀리 트윈 네 가지 타입의 52개 객실이 있다. 방마다 디자인이 조금씩 다른데 대부분 모던하고 세련된 분위기다.

호텔의 이름은 '나폴리의 숲'이라는 뜻이다. 나폴리의 '나'와 영어 '포레스트'의 앞 두 글자를 이어 붙였단다. 자연 친화적인 호텔을 지향하는 만큼 1층 카페도 원목가구를 배치해 자연의 느낌을 살렸다. 조식 시간에는 레스토랑으로, 그 외 시간은 투숙객이 카페로 이용할 수 있도록 했고 에스프레소와 아메리카노를 24시간 무료로 제공한다. 10층 옥상정원에서는 청계천을 중심으로 서울 시내 전경이 한눈에 들어온다.

서울 종로구 수표로18가길 17
02-2277-6511
hotelnafore.co.kr
오후 2시 체크인, 오전 11시 체크아웃
슈페리어 8만원대
(조식 불포함, 비수기 주중 기준)
주차 불가, 취사 불가, 장애인 객실 있음
체크인 2일 전까지 취소 시 100% 환불

단골
삼고
싶은

마당에 깔린 옥돌이 반짝반짝 빛나는
비 내리는 날이면 더 좋겠다.

경복궁24게스트하우스

아름다운 종로의 시간

서촌 이상의 집 맞은편으로 난 골목길로 들어서면 기분이 묘하다. 길모퉁이를 둘러싸고 늘어선 한옥의 풍경을 만나게 되는데, 흡사 조선으로 타임 슬립한 느낌이다. 경복궁 24 게스트하우스는 서촌의 오래된 집 네 채를 매입해 개축한 후 호텔로 문을 열었다. 작은 쪽문을 열고 들어서면 네 채의 한옥이 옹기종기 모여 마을을 이룬 모양새다. 쪽문은 현재에서 과거로, 소요에서 고요로, 현실에서 이상으로 넘어가는 비밀의 문 같다.

독채의 이름들은 제각각 의미가 깊다. 7가지 보물의 기운을 품고 있다는 칠보암, 다섯 가지 복의 기운을 갖추어 행복한 가정을 만든다는 오복헌, 수행하는 자가 진리를 탐구하여 마음을 정화시킨다는 삼현굴, 영원히 기쁘다는 뜻의 영희당까지, 호텔은 이름 그대로 손님들에게 좋은 일이 일어날 수 있도록 최선의 서비스를 제공한다.

간단한 조리가 가능한 부엌에는 조리기구를 비롯해 호리병, 와인 잔, 소맥잔, 막걸릿잔까지 세심하게 구비했다. 서촌 인근에 분산된 공방들과 연계해 다도, 도자기, 붓글씨, 한복 입어보기 등의 다양한 체험 프로그램도 운영한다. 중국어, 영어, 일본어를 원어민처럼 구사하는 매니저들은 친구처럼 살갑고 친근하다.

그래서인지 유난히 단골이 많다. 10번 이상 이곳에 짐을 푼 외국인 고객이 있을 정도. 방명록만 봐도 알겠다. 붓펜으로 쓰인 외국어 사이로 자리한 수많은 하트와 느낌표에 이곳을 떠나는 게 못내 아쉬운 여행객들의 감정의 결이 고스란히 묻어난다. 매니저는 단골손님에게 제공되는 비밀 서비스가 화수분처럼 많다고 귀띔한다. 궁금하면, 단골이 되자.

서울 종로구 자하문로5가길 27-1
02-732-3000
stayguesthouse.co.kr
오후 3시 체크인, 오전 11시 체크아웃
싱글룸 6만9천원-8만4천원,
더블룸·트윈룸 10만5천원-12만원,
독채 38만원부터
주차 불가, 간편식 조리 가능
체크인 10일 전까지 취소 시 100% 환불

묵직하고
편안한
기운

서울시 대표 한옥으로 선정된 곳이다.
내국인, 외국인 VIP 고객들이 많다.
고객 리스트를 듣고 입이 떡 벌어졌었다.

담소정

오래된 것들이 으레 그러하듯, 1921년 건축된 백년 한옥집 곳곳에는 묵직하고 편안한 기운이 감돈다. 말없이 함께 있어도 내 마음 다 알아주는 친구 옆에 앉은 듯하다. 이것만으로도 담소정은 충분히 귀하다.

담소정은 으리으리한 구조의 한옥은 아니지만 질박하고 아름답다. 툇마루를 중심으로 안방인 담방, 건넌방인 소방이 연결되어 있고 담방에서 부엌이, 소방에서 작은방 하나와 화장실이 뻗어 나온 'ㄷ'자 구조다. 진흙으로 지은 집이라 신식 한옥과는 다른 경지라고 주인은 말한다. 디딤돌 만큼 띄우고 앉힌 집은 여름에는 눅눅하지 않고 시원하며, 겨울에도 따뜻한 기운이 오래간다.

운이 좋아 소방은 객이 없다. 한옥 독채를 혼자 쓰는 셈이다. 대청마루 유리문을 살포시 열고 앉았다. 골목 어귀를 돌아 나오는 바람의 소리를 듣는다. 더러는 집으로 향하는 누군가의 발자국 소리도 들린다. 고요의 틈을 뚫고 울리는 삶의 소리는 따뜻하고 더러는 쓸쓸하다. 뚜벅뚜벅 나던 소리가 토닥토닥 마음에 닿으면 스르르 잠이 온다. 따뜻하게 데워진 아랫목에 누우면 보와 처마 사이를 가로지르는 우미량이 보인다. 천장으로 구불구불 휜 노송들이 갈비뼈처럼 박혀 있다. 상상했다. 내가 누운 자리는 갈비뼈 안쪽 심장의 자리, 나무의 마음 안에 들어와 잠드는 것이라고.

깊은 잠을 자고 가뿐히 깨어나 받는 아침 밥상이 웬만한 한정식 못지않다. 3년간 사찰음식을 사사한 안주인이 정성껏 차려내는 밥상은 기품 있고 우아하다. 연잎밥, 나물, 국, 생선, 잡채까지 차려내는데, 이를 먹기 위해 숙박한다고 말해도 과장이 아닐 정도다.

서울 종로구 북촌로9길 16-2
010-2053-9701
(전화 예약 시 10% 할인)
www.damsojung.com
오후 3시 체크인, 오전 11시 체크아웃
평일 담방 27만원, 소방 32만원
주말 담방 30만원, 소방 35만원
주차 가능, 취사 불가
체크인 10일 전까지 취소 시 100% 환불

맑고
고운
하룻밤

나른한 봄철 하룻밤을 지내고 싶다면 서둘러 예약하자.
봄철의 인기도 성수기 못지않다.

청연재

재동초등학교 뒤편에 아름다운 한옥호텔이 있다. 이름은 청연재, 맑고 깨끗한 더없이 소중하고 좋은 인연이라는 뜻을 지녔다. 머무는 사람과의 인연을 중히 여기는 대표의 따뜻한 마음이 깃들었다.

살고 싶은, 탐나는 한옥이다. 모란 나무 자라는 소담한 정원, 윤이 나는 툇마루 아래 단정하게 놓인 고무신과 털신, 단아한 처마 위로 빛나는 파란 하늘, 바람결에 울리는 풍경 소리까지 모든 것이 귀하고 곱다.

다섯 개 객실의 이름도 마찬가지다. 오래오래 건강하게 잘 살라는 의미의 도래, 모든 복을 다 지녔다는 뜻의 우리말인 지니, 시원하고 맑다는 의미의 시내, 모여 서로 정답게 이야기 나눈다는 도란, 모든 좋은 일이 다 온다는 의미의 다온. 손님들의 안녕과 행복을 염원하며 지은 이름 덕인지 따뜻하고 아늑한 기운이 곳곳에 감돈다.

별채인 다온을 제외한 객실들은 대청마루를 중심으로 'ㄷ'자로 자리했다. 오후 2시, 해가 높이 솟으면 대청마루에는 빛이 한가득하다. 바닥에 격자무늬를 그리며 드는 빛은 따뜻하기까지 해서 겨울철 난방을 하지 않아도 기온이 22도까지 오른단다.

조식이 차려지는 공간 역시 대청마루다. 입실 때 정한 식사 시간에 따라 오전 8시와 9시 각각 40분간 정갈한 한식을 맛볼 수 있다. 투숙객을 위해 한복도 채비했다. 한복을 입고 아름다운 한옥을 배경으로 기념촬영을 해보는 것도 좋겠다.

서울 종로구 북촌로6길 13-2
02-744-9200
www.hcyj.kr
오후 3시 체크인, 오전 11시 체크아웃
다온 3인 기준 30만원,
도래 2인 기준 23만원,
도란 2인 기준 15만원
주차 불가, 취사 불가
체크인 10일 전까지 취소 시
100% 환불

주변 관광지 | 서울

경복궁

임진왜란, 일제강점기, 한국전쟁까지 파란만장한 역사를 거쳐 자랑스러운 서울의 랜드마크가 된 조선시대의 법궁이다. 근정전, 강녕전, 자경전 등 아름다운 전각 앞은 어김없이 한복을 곱게 차려입은 탐방객들로 붐빈다. 한국전쟁 후 복원하면서 함안당과 잘못 연결되었던 취향교를 원래 자리로 되돌리는 공사가 올해 하반기에 마무리될 예정이다. 그때까지는 파사드 사이의 유리창을 통해 조망할 수 있다.

서울 종로구 사직로 161
02-3700-3900

서울로7017

1970년 만들어진 서울역 고가를 연결해 17개의 길을 만들었다. 2017년 사람의 길로 다시 태어난 서울로7017은 폐쇄됐던 고가에서 서울 시내를 한눈에 내려다보며 산책을 즐길 수 있다는 점에서 아주 매력적이다. 방방 놀이터, 여행자 카페, 무대, 자연쉼터, 점포 등 곳곳의 시설을 통해 탐방객의 편의를 도모했다. 낮보다는 저녁이 좋다. 도심 야경을 맘껏 즐길 수 있어서다. 특히 서울스퀘어 미디어 캔버스를 수놓는 줄리언 오피의 작품 '걸어가는 사람들'을 고가에서 감상하는 맛이 일품!

서울 중구 청파로 432
seoullo7017.seoul.go.kr

북촌 한옥마을

재동, 계동, 소격동, 안국동, 가회동 일대를 아우르는 북촌은 서울의 옛 모습을 고스란하고 세련되게 간직하고 있다. 더욱이 이곳에는 무형문화재 보유 장인들이 운영하는 공방 겸 전통 공예 체험 및 전시를 하는 소규모 박물관들이 많다. 심영순 매듭장인이 운영하는 동림매듭공방, 김윤선 전승공예가가 운영하는 색실문양누비공방이 지근 거리에 자리한다. 한상수 자수박물관으로 운영되던 인근 100평 한옥은 2016년 한상수 장인이 별세하면서 서울시에서 운영하는 '한옥청'으로 모습을 바꿨다. 가회민화박물관은 민중의 정서와 염원을 담아낸 아름다운 민화, 부적, 전적류, 무신고, 기타 민속품 2천여 점을 소장하고 있다.

서울 종로구 계동길 37
02-2133-1372

명동 1898

명동 1898 지하 광장은 무심히 지나치기 쉽다. 명동성당, 가톨릭회관, YMCA 연합회 사잇길로 난 출입구가 세 곳이나 되지만 모두 조용하게 자리한 까닭이다. 어느 곳으로 들어서든 붐비는 명동과 유리된 듯 고요해진다. 빵집, 한식당, 카페, 업사이클 브랜드인 래코드(re:code), 인터파크 서점 등이 입점해 있고, 성물을 판매하는 가게와 갤러리도 둥지를 틀었다. 성경의 '오병이어 기적'을 형상화한 로고가 어여쁘다. 성당 쪽으로 난 유리 출입구에서 바라보는 성당의 풍경이 특히 아름답다.

서울 중구 명동길 74 신관

현대미술관

2013년 소격동 기무사와 국군지구병원이 있던 자리에 둥지를 튼 현대미술관 서울관은 무형의 미술관, 일상 속의 미술관, 친환경 미술관을 지향한다. 콘셉트에 맞게 대로변에 담장 없이 활짝 열려 있는 모양새가 아름답다. 미술관 마당, 카페테리아, 아트 존, 푸드코트 등 관람객이 즐길 공간이 많다. 전시장 내부, 유리 벽면 너머로 보이는 종친부 전각의 아름다운 풍경이 여느 미술품 못지않게 귀하다. 연중 진행하는 다양한 교육 프로그램과 세미나도 놓치기 아쉽다.

서울 종로구 삼청로 30
www.mmca.go.kr

종묘

조선 역대의 왕과 왕비, 사후 추존된 왕과 비의 신주를 모신 사당이다. 아름답고 웅장하며 보는 이로 하여금 압도적인 기운을 발산하는 정전의 아름다움은 정평이 난 지 오래다. 1995년 세계문화유산으로 지정된 후 2001년 종묘제례가 유네스코 무형유산으로 지정되면서 세계에서 유일하게 유네스코 유·무형유산이 함께 지정된 명소가 됐다. 해넘이가 시작될 때 붉게 물드는 정전 풍경이 백미. 단 종묘는 문화가 있는 날(매달 마지막 주 수요일)과 토요일만 자유관람이 가능하다. 평일은 정해진 시간에 맞춰 문화해설사와 동행해야 한다.

서울 종로구 종로 157
02-765-0195

인사동

외국인들이 꼭 들르는 서울 제1의 관광 명소다. 좌우로는 광화문과 익선동, 위아래로는 북촌과 명동을 잇고 있으니 과연 서울 관광의 중심이라 할 만하다. 골동품 판매점, 갤러리, 맛집이 넘쳐난다. 다양한 체험이 가능한 공방이 많고 쌈지길, 마루와 같은 큰 규모의 복합문화공간도 있어 다 둘러보려면 하루가 짧다. 인사동의 운치를 만끽하고 싶다면 사계절 각기 다르게 아름다운 경인미술관을 추천한다. 한옥으로 지어진 미술관 내에는 다원이 있어 여러 종류의 전통 차도 즐길 수 있다.

경인미술관
서울 종로구 인사동10길 11-4
02-733-4448

다시 세운

서울시가 진행하는 도시재생 프로젝트 '잘생겼다! 서울 20'의 명소 중 하나다. 1960년내 우리나라의 첫 주상복합건물이자 엄청난 부촌이었던 세운상가는 강남이 개발되면서 기술장인들의 쓸쓸한 터전으로 쇠락해갔다. 그러나 오늘날 이곳은 낙후된 전자상가가 아닌 새롭게 떠오르는 핫플레이스이자 도심의 축이 되어가고 있다. 상가 앞 광장, 종묘와 남산, 북한산이 한눈에 드는 '서울옥상', 청계천으로 바로 연결되는 58m 길이의 보행교, 예술가, 개발자, 소셜 프로젝트 실험그룹 등을 위한 거점 공간인 '메이커스 큐브'까지 열정과 멋이 가득하다. 상가 여러 곳에 작은 갤러리와 빈티지한 카페가 있어 가족 단위 방문객도 많다.

서울 종로구 청계천로 159

통인시장

효자동과 서촌을 잇는 서촌 관광의 중심이자 오랜 역사의 전통 시장이다. 시간이 흐르면서 지역 주민들이 드나들던 시장에는 관광객이 몰려들고 청년 사업자들이 문을 연 카페나 공방들이 들어섰다. 통인시장의 명물은 단연 기름떡볶이와 달걀말이. 기름떡볶이는 별것 없는 레시피임에도 계속 손이 가는 중독적인 맛이 신기하다. 달걀말이는 달걀 한 판을 다 부어 만든 것 같은 비주얼이 압도적이다. 이곳에서 엽전이 통용된다. 엽전 10개는 5000원. 엽전을 사면 도시락 용기를 준다. 용기에 엽전으로 구매한 음식들을 담아 다니며 먹을 수 있다.

서울 종로구 자하문로15길 18
02-722-0911

정독도서관과 서울교육박물관

1900년 화동 언덕에 개교한 경기고등학교가 1976년 강남으로 이전하면서 문을 연 정독도서관은 우리나라 최초로 스팀 난방시설을 갖춘 건축물로 등록문화재 2호로 지정돼 있다. 도서관과 나란히 자리한 서울교육박물관은 기대 이상으로 재미있고 알차다. 교육 관련 유물들이 시대별로 전시되어 있는데 세대를 불문하고 향수에 젖느라 시간 가는 줄 모른다. 로비를 중심으로 상설 전시관과 특별 전시관으로 나뉘어 있다. 출입구에 옛 모습을 재현한 '정독문방구'을 놓치지 말자.

정독도서관
서울 종로구 북촌로5길 48
02-2011-5799

서울교육박물관
02-2011-5780

겸재정선박물관

진경산수화라는 우리 고유의 화풍을 개척한 인물로 평가받는 겸재 정선을 테마로 조성한 박물관이다. 산수도, 청하성읍도, 피금정도, 조어도 낚시하는 선비, 귀거래도, 청풍계도 등의 진품이 전시되어 있으며, 양천현(강서구 마곡지구) 현령을 지낼 당시 그린 개화사, 이수정, 소악후월, 공암층탑, 빙천부신 등의 작품을 현재와 비교하며 감상하는 재미도 쏠쏠하다. 연중 다양한 교육 프로그램과 체험 프로그램을 진행하며, 아트숍도 갖추고 있다. 미술관 바로 옆에 자리한 서울 유일의 향교인 양천향교도 함께 둘러볼 만하다.

서울 강서구 양천로47길 36
02-2659-2206

와룡공원과 성곽길

말바위에서 내려온 용이 누워 있는 형상이라 해서 '와룡'이라는 이름이 붙은 공원이다. 공원을 중심으로 왼쪽으로는 아름다운 성곽이, 오른쪽으로는 남산 일대까지 시원하게 내려다보인다. 성곽 너머로는 성북동 일대를 조망할 수 있다. 굽이치는 성곽 아래로 보이는 서울은 마치 배를 뒤집고 속살을 내보이는 거대한 생명체 같다. 봄이면 꽃이 지천이다. 산수유, 개나리, 벚꽃이 흐드러진 산책길이 백미. 창의문에서 혜화문까지 이어지는 서울 한양도성 순성구간 중 백악구간의 일부다.

서울 종로구 와룡공원길 192

강
원
도

당신이 꿈꾸던 어떤 방

여백이
춤추는
방

문명이 만들어낸 온갖 방해물을 걷어내고
마음을 비우는 것. 이곳은 이 단순한 패턴이
건강하게 사는 법이라고 가르쳐준다.

힐리언스 선마을

마법이라도 걸린 듯, 마을로 들어서는 시속 30km의 외길로 들어서면서부터 부산스러운 마음이 느긋해지기 시작한다. 힐리언스 선마을은 건강하게 나이 들기 위해 식습관, 운동 습관, 마음 습관, 생활리듬 습관을 체득하도록 돕는 힐링 특화 리조트다.

주차장에 차를 대고 꽤 가파른 언덕을 올라 안내센터가 있는 가을동으로 들어선 후 본격적인 입촌이 시작된다. 이후 가파른 산자락의 숙소까지는 걸어서 움직인다. 자연의 소리와 촉감이 언덕길을 오르는 더딘 발걸음을 응원한다.

방은 숲속동에 있다. 마을 가장 높은 자리에서 가장 멋진 경관을 조망할 수 있는 곳이다. 여행자를 기다리는 방은 정갈하고 아름답다. 냉장고, 에어컨, 텔레비전, 컴퓨터 등 공간을 해치는 물건들이 없고 인터넷과 휴대전화도 안 된다. 커다란 통창 밖으로는 산의 능선이 첩첩이 흐른다. 주변 산세를 인테리어로 차용한 것이 꼭 옛 선비의 방을 닮았다. 공간의 여백에는 바람과 햇살이 깃들어 선선하고 따뜻한 기운이 감돈다.

건강하게 먹고 따뜻하게 목욕하고 활기차게 걷는 것은 마을에서 누리는 다양한 즐거움이다. 마을 내 비채식당은 영양을 고려한 건강 식단을 선보인다. 제철 재료로 정성껏 마련한 음식들은 몸과 마음을 달랜다. 마을을 아우르는 다섯 갈래의 트레킹 코스 곳곳에는 풍욕장, 숲속 강의실, 경관 조망터 등이 산재해 있다. 자연세유스파에서의 시간도 더없이 달콤하다. 탄산탕과 온열탕, 황토대리석과 칠보석이 가득한 팔선욕장, 천연황토방에서 묵은 땀을 배출하고 나면 새사람이 된 것 같다.

강원 홍천군 서면 종자산길 122
1588-9983
www.healience.co.kr
오후 3시 체크인, 오전 11시 체크아웃
스테이 패키지(비수기, 주말 2인 기준, 3식 포함)
디럭스 28만5천원, 스위트 31만5천원,
방문 프로그램 4만5천원부터
주차 가능, 취사 불가
예약 취소 시 시즌별로 패널티 규정 다름

글이
노는
방

조용하지만 안전한 곳을 찾는 사람에게는 이곳이 답이다.
게스트하우스에서 으레 하는 파티는 일절 하지 않는다.

춘천일기스테이

따뜻한 성품의 취향 좋은 주인장은 책이 가득한 게스트하우스를 만들었다. 온전하고 묵묵하며 선선한 것을 좋아할 것 같은 그는 고향 춘천의 30년 된 여관을 매입해 제힘으로 개축했다. 15개의 아담한 방은 정갈한 가구, 가지런한 침구, 책과 공책을 품고 여행자를 기다린다. 책은 미리 얻은 손님의 정보를 바탕으로 취향에 맞게 들여놓는다. 공책이 중요하다. 일종의 방명록인데, 누구나 자유롭게 자기 이야기를 쓸 수 있도록 했다. "옆방에서 싸우는 소리가 났다", "조식이 맛있다"라는 등의 평가, 그날그날의 여행기, 뜬금없는 자기 고백까지 여행자들의 이야기가 30권이 됐다. 방명록의 이름은 '썸원스페이지(someone's page)'. 책이 많아 이곳을 택한 사람들은 글을 두고 간다.

썸원스페이지는 1층에도 마련돼 있다. 별이 조곤조곤 드는 1층 라운지는 게스트하우스 손님만을 위한 공간이다. 투숙객은 이곳에서 조식도 먹고 책도 보고 커피도 마신다. 주인장이 수집한 오래된 책들은 부엌의 아일랜드 식탁 위 천장 바로 아래 도열해 있다. 가장 탐나는 것, 더불어 주인이 가장 아끼는 책은 전설이 된 잡지 〈샘이 깊은 물〉이다. 손이 닿지 않는 곳에서 빛나는 빛바랜 고전들은 그윽하고 우아하다.

1층부터 3층까지 총 15개의 방이 있다. 명패는 호수에 맞춰 좋아하는 책의 구절을 새겼다. 101호의 명패에는 박완서의 '자전거 도둑' 101페이지의 구절이 흐른다.

'몸이 잘 살게 된다는 건 누구나 비슷하게 사는 거지만 마음이 잘 살게 된다는 건 제각기 제 나름으로 살게 되는 거니까.'

강원 춘천시 중앙로27번길 9-1
010-9384-7507
bit.ly/chuncheonstay
오후 4시 체크인,
오전 11시 체크아웃
트윈룸·더블룸·이층침대룸
주중 5만5천원, 주말 7만원
주차 가능, 취사 불가

마당
깊은
방

문을 열고 나서면 툇마루, 꽃밭 가득한 마당, 북천과 솔밭, 산마루가 중첩돼 펼쳐지는 풍경에 가슴 벅차다.

북설악황토마을

황태로 유명한 인제의 용대리에 위치한 북설악황토마을은 먼 길 떠나온 여행자에게 엄청난 위안을 건네는 공간이다. 황토로 만든 집 위에 너와를 얹은 강원도식 한옥과 정성스럽게 가꾼 드넓은 마당이 오롯이 내 것이 된다. 구들장이 있는 방 안의 향기는 할머니의 안방 윗목에서 이불을 뒤집어쓴 채 얼굴만 내밀고 맡던 공기를 고스란히 닮았다. 코끝으로 들어오는 장작 탄 냄새가 따뜻하고 편안하다. 문을 열고 앞마당이 보이는 툇마루에 앉았다. 푸른 잔디 사이사이로 나리, 꽃잔디, 창포 붓꽃이 흐드러지게 피었다. 옆집과의 경계를 두기 위해 세운 대나무 담 사이로 예쁜 고양이 한 마리가 유유자적 거닌다. 뒷산에서 뻐꾸기 여러 마리가 다채로운 운율로 서로의 안부를 차례로 묻고 답한다.

마당 너머에는 북천이 흐른다. 북천의 좁은 물길은 숙소 옆으로 놓인 다리를 통해 건넌다. 봄, 가을, 겨울에는 다리를 통해 건너도 되지만 여름이면 숙소 앞마당에 놓인 돌계단을 통해 내려가 발을 적셔가며 건너도 좋겠다. 개천을 건너야 하는 이유는 명료하다. 수백 그루의 소나무가 늘어선 솔밭공원이 펼쳐져 있어서다. 푹신한 솔밭길을 걷다 보면 솔숲 사이 드문드문 진부령의 장쾌한 산세가 빼꼼히 얼굴을 내민다.

앞마당에는 가마솥과 고기를 구워 먹을 수 있는 그릴이 마련돼 있다. 가족, 연인, 친구들과 함께라면 이보다 더 즐거울 수는 없겠다. 홀로 온 여행자의 허기는 숙소에서 함께 운영하는 식당 '소풍'에서 달래면 된다. 황태구이 정식, 들깨수제비 등 감칠맛 나는 메뉴들을 낸다. 40년이 넘은 씨간장과 매년 메주를 쑤어 내린 간장을 안성의 장인이 만든 가마솥에서 섞어 만들었다는 간장도 놓칠 수 없는 별미다.

강원 인제군 북면 황태길 333
033-462-1574
m.blog.naver.com/mudyellow
오후 1시 체크인, 오전 11시 체크아웃
황토너와 14만원, 설악 11만원, 매화 5만원
통나무 굴리기 체험 4인 이상 2만5천원,
트래킹 체험 4인 이상 무료
주차 가능, 취사 가능
체크인 10일 전까지 취소 시 100% 환불

잠들기
아까운
밤

깊은 밤 달빛 비추는 선교장 안을 걷는 것,
투숙하지 않으면 절대 모를 즐거움이다.

강릉선교장

"팔십 넘은 노인들은 선교장이라 하면 모르지. 이곳 노인들은 우리 집을 '배다리'라고 불러야 알아."

선교장 이강백 관장의 말이다. 선교장 앞 경포호로 이어지는 물길에 배로 다리를 만들어 배다리라는 이름을 얻었단다. 고성 위 통천(지금은 북한 땅이다)에서 강릉 아래 울진까지 만석의 부와 명예를 누려온 집의 원 주인은 효령대군의 후손인 이내번이다.

선교장에 발을 들일 수 있는 시간은 오후 6시. 투숙객은 일반 관람객의 발길이 끊기는 시간이 돼야 입실할 수 있다. 먼저 홍예헌이 눈에 들어온다. 장기간 투숙하던 묵객들이 교류하며 작품 활동을 하던 곳으로 조선시대의 '문화, 예술의 살롱' 역할을 하던 공간이다. 여느 한옥의 방이 그러하듯 자질구레한 살림 없이 정갈하다. 방문을 열자 느릿한 흐름에 맞춰 한 폭의 그림 같은 풍경이 찬찬하고 고요하게 깃든다. 백일홍과 원추리가 가득 핀 너른 마당 너머로는 활래정이 펼쳐진다. '활기가 드는 정자'라는 이름 그대로, 정자 주변의 커다란 연못에는 연꽃이 생의 가장 아름다운 때를 맞아 활짝 피었다.

솟을대문으로 들어서면 서별당, 동별당, 열화당, 연지당, 안채, 행랑채가 옹기종기 붙어 있다. 아름다운 고택에 어울리는 아름다운 나무도 자리해 있다. 솟을대문 안, 마당에서 자라는 유일한 나무인 능소화가 바로 그것이다. 담장 뒤로는 금강송 수백여 그루와 대나무가 자라는 야트막한 동산이 보인다. 능선을 따라 넘실넘실 흐르는 담장 곁에는 560년 수령의 금강송이 선교장을 수호하듯 굽어본다. 고목 옆의 대숲이 바람에 일렁이며 담장 안 풍경을 가리고 드러내길 반복하는 풍경 앞에선, 하염없이 멍해진다.

강원 강릉시 운정길 63
033-648-5303
www.knsgj.net
오후 6시 체크인, 오전 9시 체크아웃
서별당 30만원, 연지당 20만원,
홍예헌 25만원, 중사랑채 1실당 15만원,
행랑채 1실당 7만원
주차 가능, 취사 불가
체크인 9일 전까지 취소 시 100% 환불

싱그러운 하룻밤의 휴식

가뿐한
마음으로
머무는

마당의 그네에 앉아 여유롭게 아침식사를 즐긴 후엔
아름다운 마을 산책길로 향하는 것이 순서.

강과 소나무 펜션

가리왕산 동쪽으로 흐르는 오대천을 따라 59번 국도를 달렸다. 천 건너로 아름다운 풍경 속 그림 같은 집들이 몇 채 보인다. '저런 곳에 살고 싶다'는 동경을 품은 그 자리에 강과 소나무 펜션이 있다.

고양이 코코가 가장 먼저 손님을 반긴다. 예쁘게 피어난 꽃 틈에서 살그머니 나온 코코는 제 몸을 비비며 인사를 건넨다. 코코의 놀이터인 펜션 앞마당은 정갈하고 아름답다. 푸른 잔디 위로 잘생긴 소나무 16그루가 도열해 있고 나무 그늘에는 어김없이 그네, 벤치가 놓여 있다. 가만히 앉아 있으면 가리왕산 능선을 타고 내려오는 산바람이 몸을 간질인다. 정원 너머에는 졸드루 캠핑장이 드넓게 펼쳐져 있다. 사방이 온통 초록빛이다.

주인장이 예약을 받을 때 인원수를 꼼꼼히 체크하는 건 식사 준비 때문이다. 강과 소나무 펜션은 숙박비에 아침과 저녁 식비가 포함되어 있다. 아침 메뉴는 아메리칸 브렉퍼스트고 저녁 메뉴는 바비큐다. 비어 캔 치킨, 샐러드, 통삼겹 훈연구이, 밥, 된장찌개의 구성으로 정성스럽게 차려낸다. 손님 수에 맞춘 분량의 고기를 그릴에 다섯 시간 구워내는데 부드러운 육질과 훈연 향이 그만이다. 1층 카페나 마당의 야외 테이블 외에도 푸른 잔디 위에 돗자리를 깔고 식사할 수도 있는데, 유럽의 어느 마을에서 피크닉을 즐기는 느낌이다.

아무것도 없는 깊은 골짜기 같지만 소소하게 즐길 거리가 많다. 졸드루 캠핑장 옆에는 마을 노인회에서 운영하는 축구장이 있고, 바로 앞 오대천에는 피라미가 많아 낚시하는 사람들이 자주 찾는단다. 가장 즐거운 시간은 저녁식사 후의 캠프파이어다. 통기타를 든 주인장의 7080 노랫소리를 듣고 있노라면, 마음에 찌든 때가 조금씩 벗겨지는 듯하다.

강원도 정선군 북평면 졸드루길 31-57
010-2271-8523
www.gangsol.com
오후 3시 체크인, 오전 11시 체크아웃
14-22만원
(비수기 주말 기준, 1인 추가 시 5만원)
주차 가능
체크인 7일 전까지 취소 시 80% 환불

아이들
천국

이른 아침에는 힐링 해먹장으로 가자.
해먹과 그네에 올라 새소리를 들으며 잠깐 졸면
이것이야말로 꿀잠이다.

숲속의 요정

싱그러운 하룻밤의 휴식

평창 봉평면 무이리 태기산 자락에 꼭꼭 숨었다. 임도처럼 보이는 길을 따라 들어가면 해발 700m의 고지에 신비의 성처럼 반짝이는 펜션이 등장한다. 펜션이지만 규모는 리조트다. 관리실 주변을 18개 동이 둘러싸고 있으며 객실 수도 85개에 달한다. 무이리가 한눈에 내려다보이는 실외 수영장, 베이비 수영장, 워터 슬라이드, 숲속 요정 키즈파크, 숲속 동물원, 악기체험관, 노래방, 탁구장, 레스토랑, 트램펄린, 사계절 썰매장, 볼풀장, 족구장, 농구장, 꽃과 돌을 테마로 한 정원, 키즈카페, 힐링 해먹장 등이 곳곳에 자리한다. 펜션 내 부대시설을 온전히 즐기기엔 하루가 턱없이 짧다.

펜션은 여러 갈래의 산책로로 연결되어 있어 아이들과 함께 산책을 즐기기에도 좋다. 펜션 뒤편으로는 태기산과 평창 자연휴양림이 자리해 있다. 5분 정도만 걸어 들어가면 고라니가 뛰어다닐 정도로 자연이 오롯하지만 아이들과 함께 걷기엔 난코스다.

키즈 펜션인 만큼 VIP 키즈룸에는 아이들에게 인기 있는 장난감들이 가득하다. 유아용 식탁, 의자 등 어린이용 가구들도 꼼꼼히 마련했다. 방마다 단독 바비큐장이 있어 바비큐를 즐길 수 있고, 펜션 내에 편의점이 있다는 것도 장점이다. 아이들과 함께 온 고객들의 수요에 맞춰 물품들을 알차게 갖췄다. 펜션 초입 오르막길 옆에 자리한 너른 배추밭은 겨울철 눈썰매장으로 변신한다. 이곳에선 아이들이 지루할 틈이 없겠다.

강원 평창군 봉평면 팔송로 111-21
033-336-2225
www.elfpension.com
오후 3시 체크인, 정오 체크아웃
VIP 키즈룸, 힐링룸, 게스트룸, 스탠더드룸
12-60평 8만9100원-29만6100원
(비수기 기준)
주차 가능, 취사 가능,
장애인 할인 있음(전화 예약 필수)
체크인 5일 전까지 취소 시 90% 환불

내 집
같은
한옥

"내가 쓰기 싫은 물건은 손님에게도 안 건넨다"는
확고한 철학을 가진 주인의 옛이야기가 무척 재미있다.

태백산 한옥펜션

싱그러운 하룻밤의 휴식

"어서 오세요! 밤에는 추워서 군불을 때놨는데, 따뜻한 게 좋으면 한 번 더 불을 넣을까 해요."

인상 좋은 주인 내외가 데워진 온돌방만큼이나 포근한 첫인사를 건넸다. 태백산과 함백산이 품어 안은 소롯골에 자리한 태백산 한옥펜션은 그야말로 정겹다. 주인은 고향 땅에 한옥을 짓고 싶었다. 겉만 비슷하게 꾸민 한옥이 아닌 군불 때고 나무 냄새 가득한 진짜 한옥을 짓겠다고 마음먹었다. 경주 안동댐 수몰 지역인 임하, 녹전마을의 한옥 여러 채를 사서 고재를 거뒀고 들보, 기둥, 마루에 있던 나무 하나하나에 번호를 적어 소롯골로 실어왔다. 집을 짓고, 그간 모아둔 민속품 100여 점을 마당, 툇마루, 처마 밑에 걸었다. 돌담 밖으로 텃밭을 일구고 나무를 심었다. 텃밭 중앙에 조그맣게 바비큐장도 마련했다. 고기만 가지고 오면 텃밭 가득한 채소들을 마음껏 먹을 수 있단다. 집을 둘러싼 앵두, 사과, 포도, 살구나무의 과실도 마찬가지다. 마음 넉넉한 주인장 덕분에 손님들은 묵는 내내 허기질 틈이 없다.

대문 바로 앞, 작은방에 앉았다. 오래된 책과 음반이 가득하고 오디오도 있다. 누구나 들어와 책 보고 음악을 들을 수 있도록 만든 방의 이름은 '풍류당'이다. 문을 열면 태백산의 산세가 그림처럼 펼쳐지는 방에서 주인장과 이야기를 나누었다. 달이 솟고 별이 빛나기 시작하자 주인장은 행랑채의 군불을 확인한 후 밤 인사를 건넸다.

툇마루와 연결된 방문을 열었다. 별 밤 아래 스무 개 남짓한 장독대가 반짝인다. 저 안 어딘가에는 20년 된 된장도 숨을 쉰다. 따뜻하게 데워진 방에 목화솜 요와 이불을 깔고 누웠다. 등은 뜨끈한데 머리 위로는 청량한 공기가 맴돈다. 마음을 달래기에 더없이 알맞은 공기다. 풀벌레 우는 소리 사이로 개가 코를 고는 소리가 나직하게 들린다.

강원 태백시 소롯골길 34
033-552-2367
오후 1시 체크인, 오전 11시 체크아웃
안채 20만원, 행랑채 16만원,
뒤안채 13만원, 별당채 10만원
주차 가능, 취사 가능
체크인 3일 전까지 취소 시 100% 환불

전통
양반가의
생활

방문을 열면 잔잔한 솔향과 함께
새파란 하늘이 반가운 얼굴을 내민다.

강릉오죽한옥마을

한옥과 담장 사이 오솔길을 걷다 멀리서 불어오는 경포 바다의 산들바람을 맞는다. 처마 밑으로 가지런히 포갠 참나무 향이 바람을 타고 흘러와 코끝에 닿는다. 바람도 좋고 향기도 좋아 걸음을 멈추고 고개를 드니 기와로 둘러싸인 하늘에서 떨어지는 따사로운 햇살. 고즈넉하니 여유로운 강릉오죽한옥마을에선 산책만으로 한나절의 노곤함이 말끔하게 풀린다.

한옥의 아름다움을 세계에 알리겠다는 취지에 맞춰 34동 규모에 툇마루와 누마루, 안마당 등 한옥 고유의 공간을 충실히 담았다. 복층 한옥에 오르면 기와지붕 용마루의 은은한 곡선이 어우러지는 풍경을 만날 수 있다. 멋스러운 분위기와 외관에 더해 현대식 건축 기법을 활용해 불편을 최소화한 것도 특징이다. 국토교통부 '신한옥 연구 개발 사업'의 일환으로 도입한 건축 기법이 한옥의 단점으로 꼽히는 외풍과 소음을 잡아, 창호를 덧댄 방문을 닫으면 고요하고 평온하다. 널뛰기, 씨름, 사방치기를 하는 체험마당과 최대 40명 규모의 세미나가 가능한 다목적동을 갖춰 가족과 단체 투숙객이 많이 찾는다. 오죽헌이 걸어서 5분, 경포생태저류지가 10분 거리다. 투숙객은 오죽헌 입장료가 반값으로 할인된다. 한옥마을 안내 데스크에 들러 체험증을 챙겨가자.

강원 강릉시 죽헌길 114
033-655-1117-8
www.ojuk.or.kr
오후 3시 체크인, 오전 11시 체크아웃
보급형 6만원, 일반형 12-14만원,
고급형 18만원, 최고급형 24만원,
VIP형 27만원(비수기 주말 기준)
주차 가능,
공동 취사동 취사 가능(공용 주방)
체크인 5일 전까지 취소 시 100% 환불

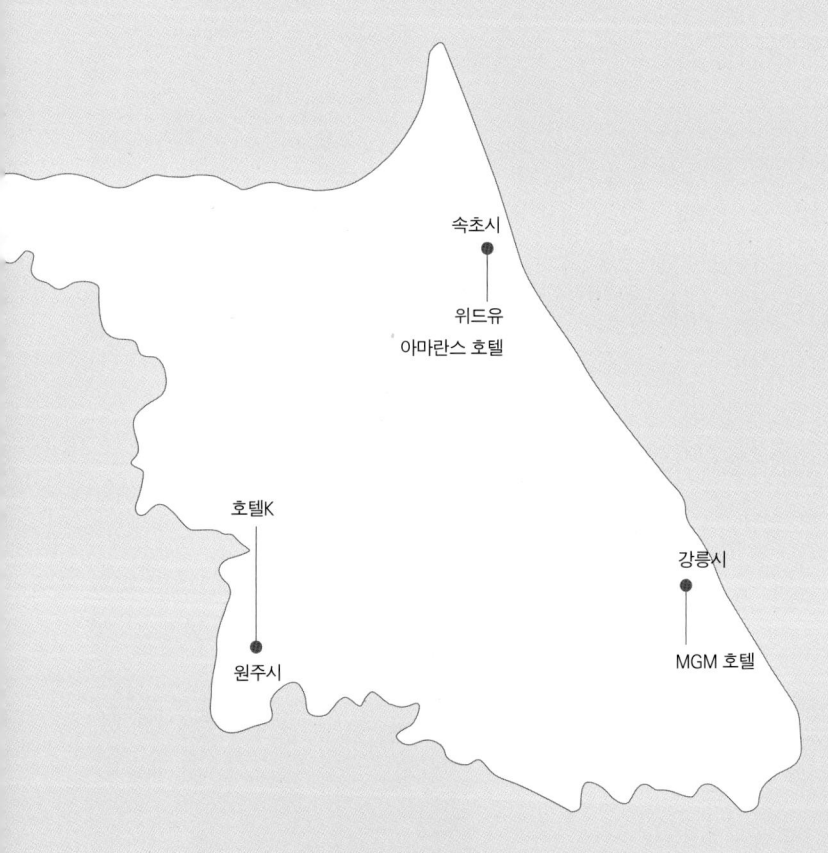

멋과 즐거움이
가득한 도심

부모님과
잊지 못할
시간

관광도 숙박도 모두 만족할 수 있는 가족 맞춤형 호텔이다.

MGM 호텔

가족 여행, 특히 부모님께 효도하기 안성맞춤인 호텔이다. 경포해변과 경포호 등 주요 관광지가 지척이어서 모시고 다니며 관광하다 이곳의 천연해수 사우나에 몸을 담그면 피로가 싹 가신다.

객실의 청결은 기본이고 칸막이로 별도 공간을 마련한 스위트룸은 부모님의 편안하고 아늑한 잠자리를 보장한다. 숙박 시 천연해수 사우나를 무료로 이용할 수 있고 숙박료도 저렴해 모시는 입장에서도 마음이 홀가분하다. 주변 소나무 숲에서는 삼림욕도 만끽할 수 있다.

강원 강릉시 해안로535번길 19
033-644-2559
www.mgmhotel.co.kr
오후 3시 체크인, 오전 11시 체크아웃
스탠더드 온돌 10만원,
스탠더드 트윈 11만원,
주니어 스위트 16만원,
패밀리 스위트 18만(비수기 주말 기준)
주차 가능, 취사 불가
체크인 5일 전까지 취소 시 100% 환불

질릴 틈
없는
방

쉼터로 올라가 바다 전망을 즐기는 것도
오롯이 호텔에만 머무는 것도 당신의 몫이다.

위드유

멋과 즐거움이 가득한 도심 115

속초터미널 바로 앞에 있다는 입지조건 외에도 장점이 수두룩한 곳이다. 기존에 숙박업소로 사용하던 건물을 인수한 주인장은 20~30대 여성과 배낭여행을 오는 외국인들이 좋아할 만한 쾌적하고 젊고 유쾌한 잠자리를 마련했다. 침대 프레임을 마루처럼 제작하고 그 위에 매트리스를 올린 형태로 구성한 객실은 그야말로 아늑하다. 그레이와 파스텔블루 빛으로 꾸민 벽에 햇살이 들면 마치 다락방에 누운 듯 포근하다. 좁은 공간이지만 답답하지 않다.

주인장이 공들여 마련한 공용 공간은 지하와 4층 두 곳에 자리한다. 먼저 지하를 보자. 포켓볼 당구대와 탁구대가 마련돼 있고 플레이 스테이션 같은 전자게임과 각종 보드게임도 즐길 수 있다. 한쪽 벽면에는 층층이 의자를 짜넣어 50여 명이 나란히 앉을 수 있도록 했는데, 맞은편 하얀 벽으로 빔 프로젝터를 쏘면 작은 영화관으로 변신한다.

4층 쉼터도 마찬가지. 무료 조식을 먹는 곳인데 채광이 좋은 카페에 들어선 듯하다. 창밖으로는 속초항과 동해가 아득히 보인다. 쉼터 구석의 작은 부엌에는 인덕션과 오븐이 구비되어 간단한 음식을 만들어 먹을 수 있다. 부엌 맞은편에는 작은 서가가 있어 바다를 조망하며 여유로운 시간을 갖기에 모자람이 없다.

강아지 두부와 만두가 지키는 뒷마당 역시 아름답다. 아름드리나무와 호텔 건물 사이에 작은 알전구들을 연결해 밤이 되면 운치가 배가된다. 도심 한가운데 위치하지만 뒷마당으로 들어서는 순간만큼은 한적한 교외에 있는 듯하다. 혹여 날이 궂어 온종일 호텔에만 머물러야 한대도 여행하는 느낌을 잃지 않을 수 있다.

강원 속초시 동해대로 3993
033-631-3620, 010-9631-3620
withugh.modoo.at
오후 3시 체크인, 오전 11시 체크아웃
트윈룸 7만원, 패밀리룸 12만원
(비수기 평일 기준)
주차 가능, 간편식 조리 가능
체크인 4일 전까지 취소 시 100% 환불

클래식한
멋

특급호텔은 부담스럽고 모텔은 들어가기 난감한
가족 단위의 여행객에게는 이곳이 답이다.

아마란스 호텔

속초의 노학동, 울산바위를 마주 보며 달리다 보면 고풍스러운 멋을 뽐내는 아마란스 호텔이 자리한다. 특급호텔 아니면 모텔로 양극화된 숙박업계에서 중간 그레이드를 담당하는 관광호텔로, 오래된 건물이지만 낡은 느낌은 전혀 없다. 좋은 살림을 오랜 세월 곱고 귀하게 쓰는, 마음 좋은 큰어머니의 집에 놀러 온 것 같다.

청결하고 정갈한 방에 들어서면 창문 너머로 설악산 자락이 보인다. 각 방에 자리한 테라스로 나가 고개를 오른쪽으로 돌리면 울산바위가 한눈에 든다. 시내에 비해 고즈넉한 정취라 마음이 편안해진다. 냉장고 안에도 세심한 배려가 숨어 있다. 음료를 시원하게 먹으라고 컵을 냉장고 안에 넣어둔 것. 특급호텔에서도 하지 않는 세심한 채비다. 무엇보다 깨끗하다. 방 안 가득 반질반질한 윤기가 흐르는 듯하다. 새로 짓거나 리모델링한 후의 청결함이 아닌 꾸준하게 깨끗한 상태를 유지한 '관리의 힘'이 느껴진다.

호텔 곳곳에는 클래식하고 질서 정연한 분위기가 감돈다. 로비, 1층 레스토랑, 로비 앞에 작게 마련된 비즈니스센터 등 호텔이 갖추어야 할 하드웨어를 충실히 갖춘 데다 직원들의 친절함도 한몫한다. 아마란스는 '지지 않는 꽃, 전설의 꽃'이라는 뜻이라고 한다. 품질을 굳건히 유지해 좋은 호텔이 되겠다는 취지로 지은 이름이다. 그에 걸맞게 유기농 채소를 직접 가꿔 호텔 레스토랑의 식재료로 쓰고, 고객의 컴플레인이 들어오면 적극적으로 듣고 의견을 수렴해 개선해 나간단다.

강원 속초시 온천로 55
033-636-5252
www.hotelamaranth.com
오후 3시 체크인, 오전 11시 체크아웃
주말 9만원, 평일 5만원(비수기 기준)
주차 가능, 취사 불가
체크인 3일 전까지 취소 시 100% 환불

여행자에게
귀
기울이는
서비스

차로 만종역은 10분, 한솔 오크밸리 리조트와
소금산 출렁다리는 30분 거리다.

호텔 K

숙소를 고를 때 우선적으로 고려하는 요건은 쾌적한 객실, 용이한 접근성이다. 호텔K는 이 두 가지 장점에 세심한 배려까지 더해진 곳이다. 한실과 양실을 고루 준비했으며, 매트리스 또한 폭신한 것과 좀 더 단단한 것을 마련해 고객의 요청에 따라 객실을 내준다. 욕조를 원한다면 체크인 시 부담 없이 요청하자. 같은 요금에 이용할 수 있다. 고객에게 집중하는 섬세한 배려에 마음까지 편안해진다.

강원도 원주시 시청로 29-3
033-812-3000
hotelk.modoo.at
오후 3시 체크인, 정오 체크아웃
스탠다드 7만원, 패밀리룸 13만원
(주중, 일요일 기준)
주차 가능, 취사 불가
체크인 10일 전까지 취소 시
100% 환불

주변 관광지 | 강원도

정선 레일바이크

구절리역에서 아우라지역까지 7.2km를 자전거길로 꾸몄다. 전원 풍경, 터널의 아름다운 그래픽 등을 감상하며 달리는 맛이 상쾌하다. 계곡 따라 우거진 숲길에서 첫 번째 터널로 진입하는 코스가 하이라이트. 바람을 가르고 내리막을 달리다 서늘한 터널 안으로 들어서면 여기저기서 함성이 울린다. 아우라지역까지 약 40분을 달리고 잠시 정차 후 풍경열차를 타고 되돌아오는 코스다.

강원도 정선군 여량면 노추산로 745
www.railbike.co.kr

정선 병방치 스카이워크와 짚 와이어

병방치라는 이름의 고갯마루에 자리한 11m 길이의 U자형 구조물이다. 바닥의 강화유리를 통해 583m 아래로 펼쳐지는 골짜기의 형세가 아찔하다. 해발 610m의 병방치 꼭대기에는 짚 와이어 승강장이 있다. 밤섬을 둘러싼 동강의 풍경을 한눈에 담을 수 있다. 30도의 경사를 시속 120km의 속도로 내려오다가 도착할 즈음 경사가 완만해지면서 시속 60-90km로 줄어든다.

강원도 정선군 정선읍 병방치길 225
www.ariihills.co.kr

삼탄아트마인

석탄을 캐던 광산이 거대한 미술관으로 거듭났다. 탄광의 역사를 한눈에 가늠할 수 있고 예술작품, 대표의 미술품 컬렉션까지 볼거리가 많다. 갱도로 쓰던 레일바이뮤지엄이 특히 멋지다. 최근 드라마 〈태양의 후예〉 촬영지로도 알려져 찾는 이들이 많아졌다. 넓은 규모라 넉넉한 시간 안배가 필요하다.

강원도 정선군 고한읍 함백산로 1445-44
033-591-3001

무이예술관

숲속의 요정 펜션에서 차로 5분 거리로, 이어지는 마을길이 무척 근사하다. 폐교된 무이초등학교에 조각가, 화가, 도예가 등이 모여 둥지를 틀면서 아름다운 예술관이 됐다. 운동장에는 조각품들이 가득하고, 학교 내부에는 예술가들의 작업실, 전시장, 체험학습장 등이 들어섰다. 메밀꽃을 주제로 한 압화, 판화 등의 서양화 체험과 서예 체험, 민화 부채 만들기 등의 다양한 미술 체험이 가능하다.

강원도 평창군 봉평면 사리평길 233
033-335-4118

삼수령

백두대간 낙동정맥의 분기점이다. 서해로 흐르는 한강, 남해로 흐르는 낙동강, 동해로 흐르는 오십천의 발원지다. 정상인 바람의 언덕은 풍경이 아름답기로 유명하다. 산 정상에 우뚝 선 풍력발전기 스무 대 남짓 아래로는 언덕이 펼쳐져 있다. 언덕에는 배추들이 가득 자란다. 농번기에는 바람의 언덕 전망대까지 차로 진입할 수 없어 15분여 걸어 올라야 한다.

강원도 태백시 적각동

ⓒ서보선

이효석문학관

〈메밀꽃 필 무렵〉의 저자 이효석의 생애와 문학을 엿볼 수 있는 공간이다. 메밀꽃 피는 가을이면 인산인해다. 전망대에서 흥정천 너머 평촌리가 한눈에 내려다보인다. 문학관까지 한눈에 담으려면 문학의 산에 올라야 한다. 낮은 언덕이라 계단 서른 개 남짓 오르면 전망대에서 바라보는 것보다 훨씬 아름다운 풍경을 마주할 수 있다. 효석문화제 기간에는 무이예술관까지 연결하는 셔틀버스도 운행한다.

강원도 평창군 봉평면 효석문학길 73-25
033-330-2700
www.hyoseok.net

강릉 선교장 전통가구박물관

대를 이어온 귀한 고가구들을 그러모았다. 박물관으로 들어서면 오래된 나무 향이 짙게 난다. 기능에 따라 지역별 특색을 비교할 수 있을 정도로 다양한 종류, 방대한 양의 가구들이 박물관을 가득 채웠다. 갖고 싶은 가구들이 수두룩하다.

강원도 강릉시 연곡면 신왕길 52-32

영진항과 영진해변

강릉 선교장 전통가구박물관에서 해안으로 직선 연결하면 영진항에 닿는다. 영진항은 드라마 〈도깨비〉 촬영지로 알려지면서 여행객들의 필수 방문 코스가 됐다. 바로 옆 영진해변은 아담하고 예쁘다. 젊은이들이 즐겨 찾는 경포대에 비해 가족 단위의 나들이객이 많다.

영진항
강원도 강릉시 연곡면 영진리
033-662-52542

오죽헌

율곡 이이가 태어난 신사임당의 친정이다. 나무 애호가들에게는 율곡과 신사임당보다 나무가 오죽헌의 주인공일 터. 강릉 시화로 지정된 배롱나무, 율곡 이이가 쓴 〈소나무 예찬〉의 주인공인 율곡송, 천연기념물로 지정된 매화나무인 율곡매가 한데 모여 있다. 세 나무 모두 수령 600년이 넘었다. 오죽헌이라는 이름은 검은 줄기의 대나무에서 유래한다.

강원도 강릉시 율곡로3139번길 24
033-660-3301

경포대

경포대의 달이 뜨는 풍경은 관동8경 중 하나로 수많은 선비들의 마음을 홀렸다. 여전히 이 풍경은 숨 막히게 아름답다. 성수기 밤이 되면 청춘들이 삼삼오오 모여 자리 잡고 즐거운 한때를 보내는 모습이 흔하게 연출된다. 밤 시간 아이들과 함께 가기에는 어색할 수 있겠다.

강원도 강릉시 경포로 365
033-640-4471

영랑호

신라의 화랑들이 머물며 풍류를 즐긴 곳이다. 호랑이 모양의 범바위로 유명하지만 비에 젖어 푸르게 빛나던 호반 길이 더 인상적이다. 가랑비 정도는 거뜬히 피할 수 있을 정도로 빼곡한 아름드리나무 터널, 이른 아침 호수에서 피어오르는 물안개가 특히 아름답다. 둘레 7.2km의 일방통행 길은 드라이브 코스로도 제격이다. 호수 주변으로 리조트, 골프장, 카누경기장, 영랑호 화랑도 체험장 등이 마련되어 있다.

강원도 속초시 금호동
033-639-2690

척산온천

라돈과 불소가 함유된 물에 몸을 담그면 신경통, 피부병, 위장병 등이 낫는다지만 개인적으로는 마음의 병이 낫는 듯하다. 문을 여는 오전 5시 30분에 맞춰 온천장으로 들어가 금탕, 아쿠아 마사지, 사우나 등을 두루 돌아다니며 몸을 데워보자. 목욕을 마치고 시원한 바나나 우유를 홀짝이며 온천장 뒤편 소나무 보호지역에 조성된 숲길에서 삼림욕까지 마치고 나면 세상 근심이 무엇이었나 싶다. 오전 8시 30분부터 문을 여는 노천탕은 자연친화적으로 조성되어 있다. 일본의 고급 료칸이 연상될 정도. 숙박도 가능하며 바로 옆 척산온천 찜질방을 이용하면 야외 족욕 체험도 가능하다.

강원도 속초시 관광로 327
033-636-4581

설악산 자생 식물원

미시령 산세가 흘러든 바람꽃마을의 끝자락에 위치한 설악산 자생 식물원은 설악권의 희귀식물 및 고산지대 식물, 아름드리나무의 터전이다. 암석원, 야생화 단지, 수생식물원, 주목으로 미로를 만든 미로원, 숲속 길, 자연산책로를 테마로 조성한 탐방로가 연결되어 있어 가뿐히 산책하기 좋다. 비 오는 날이 특히 아름다운데, 사람이 없고 숲의 향이 진해지는 데다 중간중간 다람쥐와 청개구리를 만나는 행운도 깃든다. 버들치, 수달, 원앙이 사는 작은 호수와 비 오는 날 더 고혹적으로 빛나는 때죽나무 군락지가 눈길을 사로잡는다.

강원도 속초시 바람꽃마을길 164
033-639-2928

낙산사

신라 문무왕 때의 승려 의상이 창건한 고찰이다. 관동팔경 중 한 곳인 만큼 해안절벽 앞 시원하게 트인 동해가 눈부시게 아름답다. 거센 파도가 쉬지 않고 부딪는 절벽에 우뚝 선 홍련암의 전설은 이렇다. 의상이 파랑새를 따라 석굴로 들어섰는데 새가 사라졌단다. 이것을 기이하게 여긴 의상이 석굴에 앉아 7일을 주야로 기도하자 바다에서 연꽃이 피어올랐고 연꽃 안에서 관음보살이 나타났다. 그 순간 마음에 품었던 것을 기도하자 만사가 형통했다고. 그래서인지 홍련암은 간절히 기도하는 사람들로 인산인해다. 수고롭더라도 의상대에서 조금 더 걸으면 홍련암의 숨 막힐 듯 아름다운 비경을 만끽할 수 있다.

강원도 양양군 강현면 낙산사로 100
033-672-2447

해피아울하우스

설악산 자생 식물원에서 차로 1분 거리에 위치한 해피아울하우스는 패브릭 아티스트인 정희옥 작가가 전 세계에서 수집한 부엉이 조형물 4,000점과 자신의 작품 2,000점을 선보이는 전시 공간이다. 지혜와 부의 상징인 부엉이를 사랑한 작가는 부엉이가 출몰한다는 바람꽃마을에 부엉이 형상으로 건축한 전시관을 마련했다. 박물관 수익을 지역사회에 기부하고, 더 나아가 해피아울스쿨을 만들어 전 세계 어린이들에게 교육의 기회를 제공하는 게 박물관의 최종 목표란다. 관람도 하고 착한 소비도 할 수 있으니 일석이조다.

강원도 속초시 바람꽃마을길 118
033-638-8475
www.happyowlhouse.com

부산

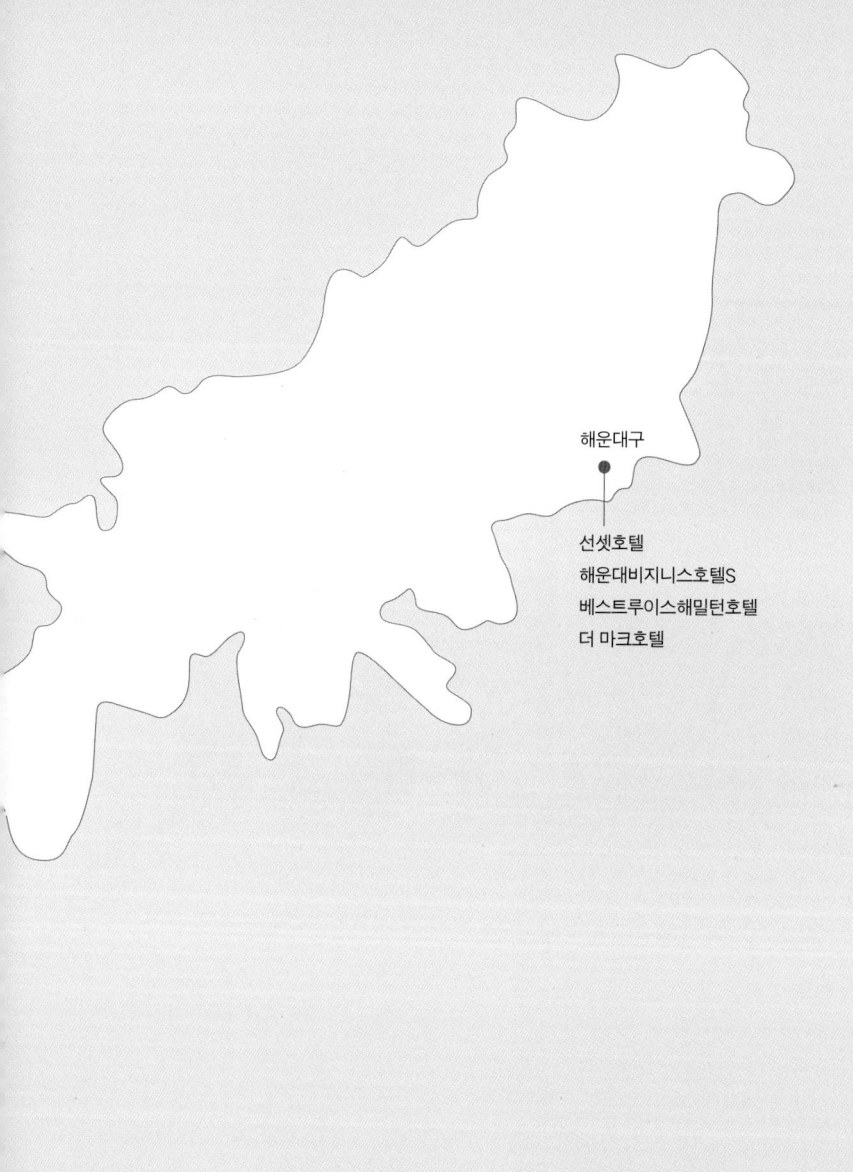

바람과 파도의 노래

낙조가
스미는
호텔

고객의 감동을 먹고 자라겠다고 마음먹은 호텔 같다.
면면이 기대 이상이다.

선셋호텔

해운대 해변을 뒤로하고 길을 건너면 해운대 거리. 여기서부터 열 발자국만 더 움직이면 선셋호텔이다. 주상복합건물의 8층부터 15층까지를 호텔로 쓴다. 외관만 보고 선뜻 이 호텔을 판단한다면 값진 하룻밤을 잃을 터. 방(코너 스위트)으로 들어서자마자 탄성이 절로 난다. 공간은 쾌적하고, 화장실과 욕조는 넓다. 베란다로 나가면 해운대 해변의 광활한 풍경이 한눈에 드는데, 저 멀리 대마도까지 보일 기세다. 일몰을 감상하고 밤의 해변에서 일어나는 낭만적인 순간들을 내려다보는 묘미가 있다. 해변 버스커의 노래를 듣고, 곳곳에서 쏘아올리는 폭죽의 궤적들을 보느라 잠들기 아쉽다.

객실 상태와 호텔에서 제공하는 여러 서비스 역시 만족스럽다. 호텔에서 운영하는 3층 카페에서 조식을 제공하는데, 매일 아침 파티시에가 구운 머핀과 미얀마에서 공수한 신선한 원두로 내린 커피를 맛볼 수 있다. 조식은 한식, 양식을 아울러 정성스럽게 낸다. 스탠더드 더블, 디럭스 트윈, 코너 스위트, 패밀리 스위트 외 8가지 타입의 객실을 운영한다. 'No'가 없는 호텔 서비스를 지향한단다. 그래서인지 체크아웃하는 손님들이 하나같이 같은 인사를 건넨다.

"방이 너무 좋았어요."

부산 해운대구 구남로 46
051-730-9900
sunsethotel.co.kr
오후 3시 체크인, 오전 11시 체크아웃
스탠더드 더블 10만9천원,
코너 스위트 12만9천원
(조식 불포함, 비수기 평일 기준)
주차 가능, 취사 불가, 장애인 객실 있음
체크인 3일 전 취소 시 환불 불가

바람과 파도의 노래 137

여성
여행자를
위한
방

편안하고 안전한 숙소를 찾는 나 홀로 여성 여행자라면 바로 이곳이다.

해운대비지니스호텔S

여행을 사랑하는 여사장이 여행을 다니며 불편했던 부분들을 염두에 두고 개선한, 옹골찬 서비스를 제공한다. 해운대 지하철역 인근에 있어 바다 전망은 아니지만 정갈한 방과 야무진 서비스가 매력적이다.

주 타깃은 비즈니스 출장객, 여행객으로 친척 집이나 친구 집에 머문 듯 편안함을 느끼도록 하는 것이 콘셉트다. 흔히 간과하기 쉬운 면들을 캐치한, 세심한 서비스가 인상적이다. 세탁실을 무료로 이용할 수 있으며 모든 방에는 빨래 건조대가 있다. 안전에도 각별히 신경을 썼다. 각 방에는 금고가 있고, 나 홀로 투숙객이 많은 만큼 외부인의 출입은 원천 봉쇄한다. 음식을 배달할 경우 1층 휴게실에서 인도받는다.

10명의 인원을 수용할 수 있는 아파트, 욕조가 구비된 디럭스, 라지 킹 외 6가지 타입의 객실 모두 청결하다. 1층 휴게실에서는 오전 7시부터 8시 50분까지 토스트와 음료로 간단히 구성된 무료 조식을 제공하고 자전거도 2시간 동안 무료로 대여한다. 투숙객이라면 한복 대여, 노트북 대여 서비스도 무료로 이용할 수 있다.

부산 해운대구 구남로8번길 49
051-741-5009
haeundaehotel.kr
오후 4시 체크인, 오전 11시 체크아웃
더블 4만5천원, 트윈 4만6천원,
디럭스 2인 5만5천원
(비수기 평일 기준)
주차 가능, 짐보관 가능
체크인 3일 전 취소 시 환불 불가

다시
가고
싶은

일거리가 산더미인 비즈니스 고객조차도
이곳에서 일한다면 지치지 않을 듯하다.

베스트루이스해밀턴호텔

해운대 그랜드호텔 뒤, 잔잔하게 빛나는 청자색 외관의 베스트루이스해밀턴호텔은 말 그대로 아름답다. 로비와 객실은 해운대 최초의 부티크 호텔이라는 타이틀에 맞는 외형을 갖췄다. 빗대자면 '클래식하고 진중한 남자의 모던한 방'이라고 할까. 양립하기 어려운 두 단어가 신기하게 어우러진 방의 공기는 편안하다. 창과 거울을 영리하게 활용해 온종일 방 안에 머문다 해도 답답하지 않을 것 같다. 회색 톤의 벽에 나무 가구와 채도가 낮은 패브릭을 매치해 아늑한 분위기를 연출했다.

아름다운 것들을 보면 계속 사진을 찍게 되는데, 베스트루이스해밀턴호텔의 방이 딱 그렇다. 슈페리어 더블, 디럭스 트윈, 디럭스 킹, 프레지덴셜 스위트 외 8가지 타입의 방이 있다. 전 객실이 금연. 덕분에 호텔의 공기가 산뜻하다. 잠자리도 포근하다. 에이스 매트리스 위에 거위털 베개와 이불을 올려 아침에 침대 밖으로 나가기가 쉽지 않다.

호텔의 로고가 말이고, 호텔 로비에는 말 조각품이 있으며, 곳곳에 말 그림도 걸려 있는데 호텔의 오너가 말을 좋아한단다. 갤러리로 쓰던 지하 공간을 조식 레스토랑으로 리노베이션해 편리함을 도모했다. 평일 비즈니스 고객이 많은 만큼, 로비 옆에는 작은 비즈니스센터도 마련돼 있다. 해운대를 대표하는 여행지 대부분이 도보로 5분 거리에 있어 편하다.

부산 해운대구 해운대해변로209번가길 8
051-741-7711
bestlouishamiltonhaeundae.com
오후 3시 체크인, 오전 11시 체크아웃
비즈니스 더블 6만6천원, 디럭스 킹 17만9800원
(조식 불포함, 비수기 평일 기준)
주차 가능, 취사 불가, 장애인 객실 있음
체크인 1일 전까지 취소 시 100% 환불

내 집
같은
편안함

동네 마실 가듯 여유로운 해운대 여행이 가능한 곳.
묵는 내내 기분 좋은 편안함이 느껴진다.

더 마크호텔

해운대 파라다이스호텔 뒤편, 푸르지오 시티 건물에 자리 잡은 레지던스 호텔이다. 온돌방인 오리엔탈, 디럭스 더블, 스위트 트윈, 키즈 스위트 외 9가지 타입으로 나뉜 객실 수는 200여 개. 가족 단위 여행객에게는 키즈 스위트룸이 특히 인기다. 캐릭터 침대와 다양한 놀이기구, 유아 욕실용품, 어린이 전용 책상, 어린이 부엌 등으로 아기자기하게 꾸몄다.

해변까지 도보로 1분 거리에 위치한 만큼 씨뷰, 측면 씨뷰, 하프 오션뷰를 선택할 경우 바다를 조망할 수 있다. 빌트인으로 설계된 오피스텔에 둥지를 튼 호텔이라 전자레인지, 세탁기, 가스레인지, 냉장고 등 웬만한 가전제품들이 구비돼 있다.

조식 레스토랑은 2층에 자리한다. 아메리칸 브렉퍼스트와 깻잎김치, 멸치볶음, 국, 죽으로 구성한 한식 메뉴를 낸다. 메뉴는 총 14가지. 시즌에 따라 유연하게 바뀐다. 호텔 투숙객에 한해 오피스텔의 피트니스센터와 실내 골프연습장을 무료로 이용할 수 있다.

부산 해운대구 해운대해변로298번길 29
051-501-9440
hotelthemark.co.kr
오후 3시 체크인, 오전 11시 체크아웃
스탠더드 더블 6만3천원,
디럭스 온돌 9만원,
더엠 스위트 키즈 11만7천원
(비수기 평일 기준)
주차 가능, 취사 가능
체크인 5일 전까지 취소 시 70% 환불

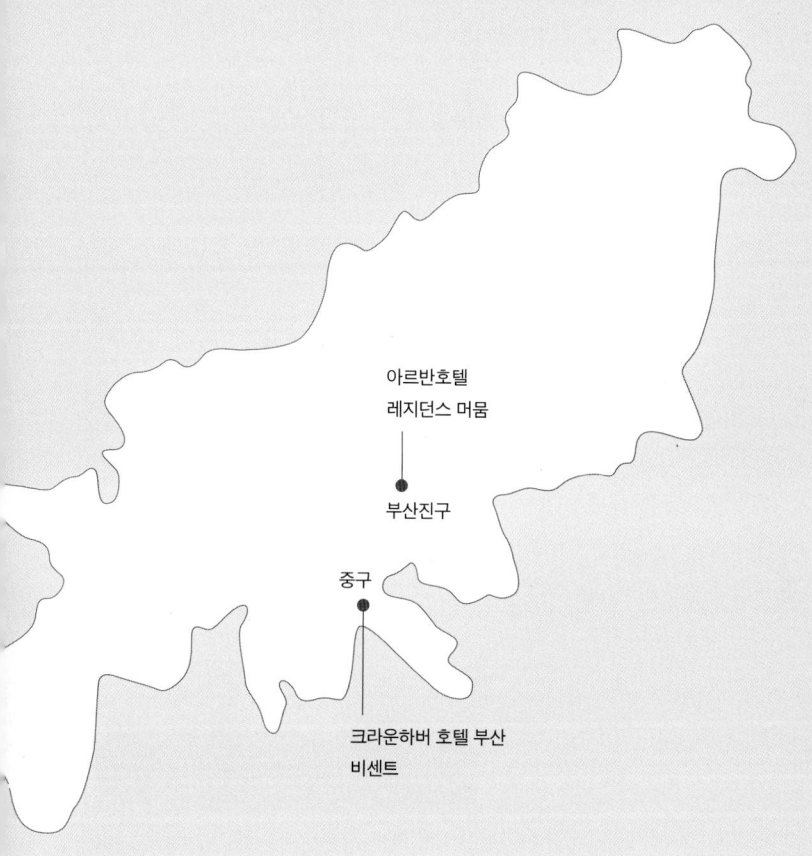

소란한 낮, 고요한 밤

항구의
밤

호텔 수익의 일부를 본사에서 운영하는 교육재단에
기부하는 착한 호텔이다.

크라운하버 호텔 부산

부산항 바로 옆에 위치한 27층 500객실 규모의 호텔로 국제시장까지 도보로 10분 거리다. 인근에 자갈치시장, BIFF 거리, 깡통시장, 보수동 책방 골목까지 부산 여행 시 꼭 가봐야 할 관광지가 모두 몰려 있는 것이 최대 장점. 교통과 주변 관광지 접근성, 가성비까지 좋아 내외국인 모두에게 인기다. 항구가 보이는 방에서는 부산항대교와 부산항이 한눈에 든다. 벽, 패브릭, 가구가 어우러진 방 안의 톤이 차분하고 우아해서 따뜻한 햇살이 들 때면 아늑한 느낌이 배가된다.

스위트, 슈페리어, 슈페리어 패밀리, 디럭스, 이그제큐티브 등 총 8타입의 방이 있다. 이 중 슈페리어와 슈페리어 패밀리는 간단한 취사가 가능한 부엌이 있어 어린아이를 동반한 가족 여행객이나 장기 투숙객에게 안성맞춤이다.

조식 레스토랑인 '라 스펠라'는 점심, 저녁식사 시간대에 맞춰 영업한다. 호텔 내에 커피숍 투썸플레이스, 편의점, 치킨 전문점 등이 자리해 있어 무척 편리하다.

부산 중구 중앙대로 114
051-678-1000
www.crownharborhotel.com
오후 3시 체크인, 정오 체크아웃
디럭스 더블 10만2000원,
디럭스 트윈 12만원,
이그제큐티브 트윈 13만원
(조식 불포함, 비수기 주중 기준)
주차 가능, 취사 가능(슈페리어,
슈페리어 패밀리룸 한정),
장애인 객실 있음

이토록
좋은
자리

성격 좋고 공부 잘하고 외모도 준수한 친구를 만난 듯 모든 것이 만족스럽다.

아르반호텔

백화점과 영화관을 중심으로 맛집이 몰려 있는 서면은 인기 있는 데이트 거리다. 2015년 12월 오픈한 아르반호텔은 서면 한가운데 위치해 카페가 밀집한 전포동 일대까지 도보로 이동이 가능해 더욱 매력적이다.

13층 로비에 들어서면 고급스럽고 세련된 분위기의 부티크 호텔에 입성한 느낌이다. 로비 옆으로는 조식 레스토랑과 싱그러운 옥상정원이 있다. 파란 잔디, 잘생긴 소나무 십여 그루로 정갈하게 조경한 옥상에서 아래를 내려다보면 서면 일대가 한눈에 든다. 빈백에 앉아 푸른 하늘 올려다보면 도심인지 교외인지 헷갈릴 정도.

공용 공간 못지않게 객실도 근사하다. 흰 벽에 벽면과 바닥을 나무와 타일로 마감해 모던한 느낌이다. 창이 큰 데다 화장실이 폐쇄형 구조가 아니어서 개방감이 극대화된다. 때문에 장시간 방 안에 머물러도 답답하지 않다. 아늑한 기운이 감도는 것은 조명을 영리하게 배치한 덕이다. 폭신폭신한 침구도 매력 포인트.

슈페리어, 디럭스 각각 더블과 트윈, 프리미어 트윈, 주니어 스위트, 로열 스위트의 총 7개 타입 94개 객실이 있다. 유흥가 인근에 있어 늦은 밤까지 소란스럽다는 단점이 있지만, 부산의 나이트라이프를 만끽하고 싶은 야행성 여행자들에게는 오히려 장점이 될 수 있다. 호텔 홈페이지를 통해 특별 상품을 예약하면 건물 내 타이 마사지숍에서 20% 할인을 받을 수 있다.

부산 부산진구 중앙대로691번길 32
051-805-9901
www.arbanhotel.com
오후 3시 체크인, 오전 11시 체크아웃
슈페리어 트윈 10만8천원,
디럭스 트윈 14만5천원,
프리미어 트윈 15만3천원
(조식 불포함, 비수기 주중 기준)
주차 가능, 취사 불가
체크인 3일 전까지 취소 시 100% 환불

아늑하고
편안한
밤

갈수록 핫해지는 전포동 카페 거리를 섭렵하고자 한다면
이곳이 정답이다.

레지던스 머뭄

전포동 카페거리 인근에 위치한 정갈한 숙소 머뭄은 따뜻한 온기로 가득하다. 직원들은 친절함을 넘어 가족 같은 수준의 친근한 서비스를 지향한다. 외국인 투숙객이 90%를 차지하는 덕분에 스탠더드 더블, 디럭스 더블, 디럭스 트윈, 온돌룸 등 4가지 타입의 56개 방은 연중 대부분 만실이다. 디럭스 더블과 트윈 룸에는 세탁기, 전자레인지가 구비되어 있으며 장기 투숙객은 50% 요금 할인이 된다.

조식은 안주인이 전날 부전시장에서 장을 본 신선한 재료로 만든 정갈한 한식과 아메리칸 브렉퍼스트를 선보인다. 조식 시간 이후 레스토랑은 작은 북카페가 된다. 투숙객에 한해 커피, 차를 무료로 마시면서 책을 볼 수 있고 더러는 단체 투숙객을 위한 세미나실로도 이용할 수 있다.

부산 부산진구 동천로107번길 12-16
051-809-7878
www.mumuminn.com
오후 3시 체크인, 오전 11시 체크아웃
싱글 9만5천원,
스탠더드 트윈(4인 가능) 10만3천원,
디럭스 더블(4인 가능) 12만원
(조식 포함, 비수기 주중 기준)
주차 가능, 취사 불가, 장애인 객실 있음

여행자가
만든
여행자의
방

부산의 영문 이니셜 'B'와 중앙동의 'CENTRAL'을 합쳐
지은 시크한 이름과 정겨운 서비스가 묘한 조화를 이룬다.

비센트

부산 기장 출신의 사업가가 야심 차게 문을 연 비즈니스호텔이다. 관광학도였던 그는 오랜 동안 타지에서 생활하며 아쉬웠던 점을 보완하고 좋았던 기억을 녹여내 정성껏 호텔을 만들었다.

부산역에서 도보로 5분 거리지만, 짐이 많은 고객을 위해 송영 서비스를 무료로 제공한다. 최근에는 송영 패키지도 구성해 외국인과 공항을 이용하는 내국인이 반값으로 리무진 이용이 가능하도록 했다. 영어, 일어, 중국어 가능한 직원들을 통해 다양한 정보도 얻을 수 있다.

8층 건물에 꽉 들어찬 객실은 40개로 스탠더드 트윈, 디럭스 트윈, 디럭스 더블, 패밀리 트리플, 프리미엄 트윈 등 5가지로 나뉜다. 가장 인기 있는 패밀리 트리플 타입은 최근 5개로 늘렸다. 아침마다 15가지의 메뉴가 제공되는 조식 레스토랑은 세미나실로 이용되기도 한다.

고향의 특산물을 세계에 알리고 싶은 대표가 프런트 데스크 옆에 시험 삼아 비치한 미역과 다시마는 기념품을 고민하는 비즈니스 고객들에게 인기 상품이 됐다. 대표의 센스가 참 영리하고 똘똘하다.

부산 중구 충장대로9번길 64
051-442-2338
bcenthotel.com
오후 3시 체크인, 오전 11시 체크아웃
스탠더드 트윈 8만9천원,
디럭스 트윈 10만9천원,
프리미엄 트윈 11만9천원
(비수기 주말 기준)
주차 가능, 취사 불가
체크인 7일 전까지 취소 시 100% 환불

가족 여행자를 위한 방

두루두루
둘러 보려면
잠이
보약

전 객실이 바닥 난방이라 아이들 목욕 후 감기 들 걱정 없다.

센트럴파크호텔

2017년 문을 연 센트럴파크호텔은 중앙역과 남포역 사이에 자리한다. 호텔 반경 1km 안에 용두산공원, 보수동 책방골목, 부평 족발 골목, 아리랑거리, 광복로, 창선동, 자갈치시장, 부산 BIFF거리, 국제시장, 부산항 여객터미널까지 모여 있어 '여행지 집합소'로도 불린다.

객실은 총 67개다. 스탠더드와 디럭스, 스위트 타입으로 바다와 도심 조망으로 구분된다. 바다 전망 객실에서는 멀리 부산항의 풍경이 창에 담긴다. 시내 안쪽에 위치하지만 주변을 가리는 높은 건물이 없어 채광이 무척 좋다. 스위트룸에는 둥근 욕조가 있지만 다른 객실에는 샤워부스만 있다. 전 객실 세면대가 욕실 밖에 설치되어 여러모로 편리하다. 객실에 인터넷 가능한 컴퓨터를 마련했고, 전기 콘센트도 여럿 설치했다. 단단한 매트리스와 은은한 조명은 최적의 숙면을 제공한다. 딱딱한 매트리스가 싫다면 예약 시 좀 더 부드러운 매트리스가 있는 객실로 요청하자.

부산 중구 해관로 20
051-243-8001
busancentralpark.com
오후 3시 체크인, 정오 체크아웃
디럭스 트윈 8만원,
스탠더드 더블 7만원,
스위트 15만원,
디럭스 쿼트 8만원 (비수기 기준)
주차 가능, 취사 불가
체크인 3일 전까지 취소 시
100% 환불

부산
여행의
시작과
끝

무료 세탁기와 전자레인지까지 갖춘
가성비 만점의 배리어 프리 호텔이다.

르이데아호텔

부산역에서 도보 3분 거리라 대중교통 여행을 계획한 여행자들에게 각광받는 호텔이다. 객실은 모두 55개. 2인실부터 10인실까지 다양한 크기로 준비돼 있다. 5층 이상 객실에서는 멀리 부산항대교가 보인다. 모든 객실에는 월풀 욕조가 있어 그날그날 쌓인 여독을 풀기 좋다.

'배리어 프리' 호텔로서의 기능도 놓치지 않았다. 객실번호는 점자로 병기되어 있고 현관은 턱을 없앴다. 객실 벽면에는 시청각장애인을 배려한 초인등과 함께 손전등이 부착돼 있다. 침대를 일반 객실보다 10cm가량 낮춰 설치했고, 머리맡 벽면에 조명 스위치를 놓아 번거로움을 줄였다. 욕실 출입구엔 단차가 없어 진입이 수월하고 샤워기 거치대의 높낮이도 조절 가능하다. 세면대가 욕실 밖에도 하나 더 배치돼 있어 간단한 양치질이나 손 닦기에 유용하고, 거울과 수건걸이는 낮은 높이에 부착해 휠체어 여행자도 사용에 전혀 불편함이 없다.

부산 동구 중앙대로180번길 16-10
051-441-0708
www.ideabusan.com
오후 4시 체크인, 오전 11시 체크아웃
비즈니스 6만원, 단체 30만원,
디럭스 트윈 9만9천원,
디럭스 더블 8만8천원
(비수기 주말 기준)
주차 가능, 취사 불가, 장애인 객실 있음
체크인 1일 전까지 취소 시 100% 환불

오롯이
우리 가족을
위한
공간

서울에서 3시간이면 익숙하면서도 이색적인
가족 호캉스를 즐길 수 있다.

지앤비호텔

부산역에서 3정거장 떨어진 자갈치역 500m 거리에 지앤비 호텔이 있다. 2016년 오픈 후 4년차에 들어섰지만 로비와 객실 구석구석은 바로 어제 오픈한 듯 깨끗하다.

객실은 스탠더드 더블부터 프리미엄 스위트까지 9가지 종류로 나뉜다. 타입별로 침대와 공간 크기에 차이는 있지만, 다른 호텔에 비해 넓은 사이즈의 침대를 기본으로 배치했다. 가장 인기 있는 프리미엄 스위트룸은 작은 욕조가 있는 욕실, 2개의 퀸 사이즈 침대가 있는 침실, 테이블과 소파가 놓인 거실과 부산타워가 내려다보이는 야외 테라스로 구성되어 있다. 테라스에는 4인 가족이 함께 들어가도 넉넉한 크기의 대형 욕조가 있다. 제트 스파 기능을 갖춰 하루의 피로를 풀기 좋다. 지하 1층 레스토랑에서는 조식을 즐길 수 있다. 한식과 양식 뷔페인데 가격 대비 다양한 음식 종류와 훌륭한 맛으로 인기가 좋다.

부산 중구 흑교로 19
051-243-5555
www.gnbhotel.com
오후 3시 체크인, 오전 11시 체크아웃
프리미엄 스위트 25만원,
주니어 스위트 20만원,
패밀리 트리플 17만원,
패밀리 트윈 17만원(비수기 주말 기준)
주차 가능, 취사 불가, 장애인 객실 있음
체크인 3일 전까지 취소 시 100% 환불

해수욕 후
수영
한 번
더

높을수록 좋은 전망은 두말하면 잔소리.
숙박 예약 시 룸 타입과 전망 외에 층수도 선택하자.

코오롱씨클라우드호텔

부산 지하철 2호선 해운대역에서 도보 5분 거리에 위치한다. 객실 내 취사가 가능하며 프런트에 문의하면 2인 식기류 세트도 대여할 수 있다. 150석 규모의 레스토랑에서는 한식과 양식 조식 뷔페를 제공하는데, 해운대 먹거리 중 하나인 소고기국이 가장 인기다. 투숙객에게는 30% 할인된 가격에 제공한다.

7~8월에만 운영하는 야외 수영장이 호텔의 자랑거리로 꼽힌다. 아이들을 위한 작은 수영장과 가족이 한자리에 둘러앉아 즐길 수 있는 야외 욕조가 함께 마련돼 있다. 단 호텔 투숙객만 이용 가능하고 별도 요금을 지불해야 한다.

객실은 슈페리어, 디럭스, 스위트 등 총 223개를 갖췄다. 전망은 오션뷰와 하프 오션뷰, 도심뷰로 나뉜다. 바다 전망은 해운대 앞 바다와 동백섬, 다이아몬드 브리지로 불리는 광안대교까지 한눈에 들어온다. 시내 전망 객실에서는 복잡한 도심 풍경 너머로 솟은 장산이 볼 만하다.

부산 해운대구 해운대해변로 287
051-933-1000
www.seacloudhotel.com
오후 3시 체크인,
오전 11시 체크아웃
디럭스 16만5천원,
이크제큐티브 스위트 22만원,
복층 스위트 22만원,
슈페리어 16만5천원
(비수기 주말 기준)
주차 가능, 취사 가능,
장애인 객실 있음
체크인 3일 전까지 취소 시 100% 환불

주변 관광지 | 부산

SEA LIFE 부산 아쿠아리움

250종, 1만여 마리의 해양생물을 전시하고 있는 부산의 대표 해양 테마파크이다. 아쿠아리스트가 상어 수조로 들어가 먹이를 주는 상어 피딩 타임, 바닥이 투명한 유리 보트를 타고 상어들을 가까이서 볼 수 있는 상어 투명보트, 상어와 함께 다이빙을 즐길 수 있는 샤크 다이빙, 7m 규모의 산호 수조에서 펼쳐지는 수중 공연인 인어공주 이야기 등 다양한 체험 프로그램을 즐길 수 있다. 가장 신비한 것은 해파리 수조. 아름다운 해파리들이 펄렁펄렁 유영하는 풍경에 시선을 빼앗긴다.

부산 해운대구 해운대해변로 266
051-740-1700

송도 해상 케이블카

송도 거북섬 인근에서 바다 건너 안남공원 전망대까지 오가는 케이블카는 부산 관광의 명물이 됐다. 케이블카를 타고 바다를 건너는 것도 유쾌한 경험이지만, 목적지인 안남공원 스카이파크의 다채로운 즐길 거리는 더 매력적이다. 포토존, 전망대, 바다 조망의 멋진 카페, 세련된 푸드코트, 안남공원의 소나무숲 산책로까지 하나하나 즐기고 내려오려면 한나절은 족히 걸린다. 베이스테이션 바로 앞의 송도 스카이워크 산책로도 걸어보자. 해수면 10m 높이에 조성된 국내 최장의 해상 산책로다.

부산 서구 송도해변로 171
051-247-9900

절영해안산책로

흰여울 문화마을에서 가파른 계단을 내려가면 절영(영도의 옛 이름)해안산책로에 닿는다. 흰여울 문화마을부터 태종대 입구까지 닿는 7.1km의 해안누리길 26코스의 구간으로, 코스 중간에 절벽 위쪽 시내로 올라가는 계단이 자주 나타나지만, 아무리 발이 아파도 벼랑 곁 해안 절경에 매료되어 계속 걷게 된다. '우리나라에 이런 곳이 있었나' 싶을 정도로 이국적인 정취가 가득하다. 과장 없이, 지중해 못지않다. 절벽과 해안이 맞닿은 구간은 절벽 위쪽으로 산책로를 만들었고, 절벽 위 산책로 가장 높은 지대에는 전망대가 있어 쉬엄쉬엄 걷기 좋다.

부산 영도구 해안산책길 52

해운대

해운대 해변, 해운대 거리, 해운대 시장이 도보 10분 거리에 촘촘히 모여 있다. 열기가 가득한 여름 해변과 낭만적이고 고즈넉한 가을 해변 모두 놓칠 수 없다. 밤이 되면 밤바다를 배경으로 버스킹을 하는 청춘들이 모여든다. 바와 레스토랑이 도열한 해운대 거리에서는 주말마다 야시장이 열린다. 디자인 제품, 아기자기한 소품들을 판매하는 노점과 캐리커처를 그려주는 화가들이 거리에 활기를 더한다. 곰장어 굽는 냄새에 침이 고이는 해운대 시장은 초입에서 안쪽으로 들어서야 시장의 면모가 조금씩 보인다. 시장 안쪽 '상국이네 김밥'집은 해운대 맛집으로 유명하다.

상국이네
부산 해운대구 구남로41번길 40-1
051-742-9001

흰여울 문화마을

자갈치시장이 있는 남포역에서 영도대교를 건너면 옛 모습을 고스란히 간직한 아름다운 마을이 하나 있다. 한국의 산토리니라고 불리는 흰여울 문화마을은 영화 <변호인>의 배경이 된 곳으로 주인공이 살던 집터는 흰여울 문화마을 센터가 되었다. 바다가 내려다보이는 절벽에 피란민들이 터를 잡았던 마을 길은 좁고 구불구불하다. 맞은편으로 아름답고 이국적인 송도 해수욕장이 아련히 보인다.

부산 영도구 영선동4가 1044-6
051-419-4067

전포동 카페거리

뉴욕타임스에 꼭 가봐야 할 명소로 소개된 곳으로, 명성에 걸맞게 나날이 규모가 확장되는 중이다. 카페에 이어 홍콩 면요리, 태국 음식, 일본 가정식, 아기자기한 디저트 가게 등이 무수히 생겨난 덕에 거리는 새로운 매력을 덧입었다. 몇 시간이라도 머무르고 싶은 책방 '밭개'는 물론, 힙스터들의 아지트일 것 같은 카페도 드문드문 둥지를 틀었다.

부산 부산진구 동천로 92

국제시장

부산 여행자라면 꼭 들르는 명소 중의 명소로 씨앗호떡과 비빔당면, 구제 옷이 유명하다. 자갈치시장, 부산국제영화제의 메인 거리인 BIFF 거리, 각종 먹거리와 수입제품이 많은 깡통시장, 광복동 패션거리, 보수동 헌책방 골목이 이곳을 중심으로 펼쳐져 있다. 도보 이동이 가능해 뚜벅이 여행자에겐 최상의 코스다.

부산 중구 신창동4가

동백섬

해운대 해변과 조선호텔이 만나는 지점에서 산책로를 따라 걸으면 동백섬으로 들어서게 된다. 흔들다리, 등대 전망대, 누리마루 APEC 하우스가 주요 포인트. 섬을 빙 둘러 걷다 보면 달맞이고개와 해운대 해변, 수영만, 광안대교와 광안리 해변을 차례로 조망할 수 있다. 해질 녘 방문하면 붉게 물든 하늘 아래 색색의 조명을 밝힌 누리마루 하우스와 광안대교의 풍광이 파노라마로 펼쳐진다. 누리마루 하우스와 광안대교에 불이 켜지는 순간을 목격하는 행운이 깃들길. 신데렐라 앞에서 호박이 마차로 변한 것만큼 아름답고 감동적이다.

부산 해운대구 우동 710-1
051-749-7621

더 베이 101

동백섬을 한 바퀴 돌면 그 끝에 더 베이 101이 있다. 해운대 해변, 동백섬, 더 베이 101을 연결하면 오메가(Ω) 모양이 되는 셈. 더 베이 101은 요트 클럽, 갤러리, 잡화점, 외식 공간이 한데 모인 복합문화공간이다. 야외 데크에서는 빼곡히 들어선 해운대 초고층 빌딩의 야경을 감상할 수 있다. 해만 지면 500석 규모의 데크에 빈자리가 없을 정도로 인기다. 피시앤드칩스를 파는 핑거스앤챗 펍, 대도식당, 카페 싸이드, 푸드트럭은 물론 라이프스타일 편집숍인 동백잡화점도 자리한다. 선선한 바닷바람을 맞으며 맥주 한잔하고 싶은 사람들은 이곳이 답이다.

부산 해운대구 동백로 52 더 베이 101
051-726-8888

경상도

청송의 오래된 방

고향집이
생긴
듯

집을 나설 때 자꾸 뒤돌아보게 된다.
소중한 것을 두고 떠나오는 마음이 들어서다.

송정 고택

덕천마을에는 삽살개 복돌이가 마실 다닌다. 한 바퀴 순찰을 마친 후 느릿하지만 활기찬 걸음으로 돌아가는 곳은 송정 고택이다. 마을에서 가장 큰 고택인 송소 고택과 담장 하나를 사이에 둔 이 집은 송소 심호택의 둘째 아들인 송정 심상광이 분가하면서 1914년 지은 집이다. 경상북도 문화재자료 제631호로 올해 105년이 된 송정 고택은 2011년부터 한옥스테이로 운영되어왔다. 도산서원, 병산서원, 고산서원의 원장을 두루 지낸 심상광의 손녀 심증옥 여사가 남편과 함께 집을 지킨다.

　방은 총 6개지만 주로 명품 방 4개 위주로 운영한다. 객이 한옥의 매력을 오롯이 느끼고 돌아가길 바라는 마음으로 행랑 격인 작은방은 단체가 묵지 않는 한 쉬이 내어주지 않는다. 바깥채는 역사적으로도 의미 깊다. 송정이 공부했던 책방과 독립운동가이자 광복 이후 초대 총리를 지낸 철기 이범석 장군이 즐겨 찾았던 사랑방('장군방'이라고 불린다)은 부러 찾는 이들이 많다.

　3,000여 평 규모의 집은 내외가 안과 밖을 나누어 관리한다. 나무와 목단, 작약, 백일홍, 봉선화, 국화가 계절 따라 피는 안마당과 바깥마당, 우물가, 덕천마을이 한눈에 내려다보이는 뒷산은 바깥사장님의 몫이다. 집 안은 심증옥 여사가 가꾼다. 정갈한 살림 중 가장 눈에 드는 건 이불이다. 보드라운 양단, 장인이 만든 천연 염색 이불, 고슬고슬 포근한 무명 이불을 갖춰 손님의 취향에 맞게 낸다.

　송정 고택에서는 철 따라, 상황 따라 다양한 무료 체험을 진행한다. 떡메 치기, 제기 만들기 외에도 여름이면 반딧불을 보고, 잘 가꾼 텃밭에서 제철 식재료를 고르고, 가을에는 밤을 줍는다.

경북 청송군 파천면 송소고택길 15-1
054-873-6695
blog.naver.com/peacej3012
오후 3시 체크인, 오전 11시 체크아웃
사랑방·책방·안방 15만원,
중간방·작은방·상방 10만원
주차 가능, 취사 불가
체크인 3일 전까지 취소 시 100% 환불

청송의 오래된 방

차향
그으한

마당 장독대를 찻상 삼아 마시는 차 한 잔이 더없이 좋다.

청원당

청송의 오래된 방

차인(茶人) 최영희 원장이 터를 잡은 청원당은 찻집과 다도 체험 공간을 겸하는 한옥스테이다. 최 원장의 기거 공간까지 건물 3채가 아름다운 정원에 어우러져 있다. 숙박이 가능한 방이 하나라 이 집에 머물면 한옥이 온전히 내 공간이 된 듯한 착각이 든다.

다육식물과 키 작은 여러 종류의 야생화를 심어 아기자기하게 가꾼 마당이 아름답다. 정갈한 뒷마당의 텃밭, 발효액과 장이 숨 쉬는 수십여 개의 장독, 찻잔 가득한 차실까지 모든 공간은 집주인의 정성 어린 손길이 닿아 반짝반짝 빛난다. 솜씨 좋은 주인장이 직접 수놓은 침구는 정갈하고 깨끗하다.

주인은 조식을 직접 차려낸다. 텃밭에서 수확한 제철 식재료와 직접 담근 효소로 맛을 낸 반찬을 예쁘게 담아 올린다. "채소를 잘 안 먹는 아이들도 예쁘게 담아내면 호기심에 입에 넣어요. 입에 들어가는 것을 보면 또 그렇게 기쁘고요"라고 말하는 주인장의 마음 씀이 엄마처럼 푸근하다.

군불 때는 한옥이지만 개조해 화장실과 샤워실을 안쪽에 마련했다. 화장실 변기 옆에는 코스모스를 꽂아두었다. 화장실과 방에는 겨울철을 제외하고는 항상 생화를 꽂아둔다. 방은 작은 기쁨 하나하나 살뜰하게 누리며 바르게 살려는 주인장을 고스란히 닮았다.

경북 청송군 파천면 송소고택길 3
054-872-6119
오후 3시 체크인, 오전 11시 체크아웃
독채 20만원
(4인 기준 조식 및 다도 체험 포함)
주차 가능, 취사 불가
체크인 8일 전까지 취소 시 100% 환불

따뜻하고
아늑한

종부 김순한 여사와 두런두런 나누는 정겨운 대화가 어찌나 좋은지. 집의 이야기, 어르신들 이야기를 통해 배우고 깨닫는 게 많다.

찰방공 종택

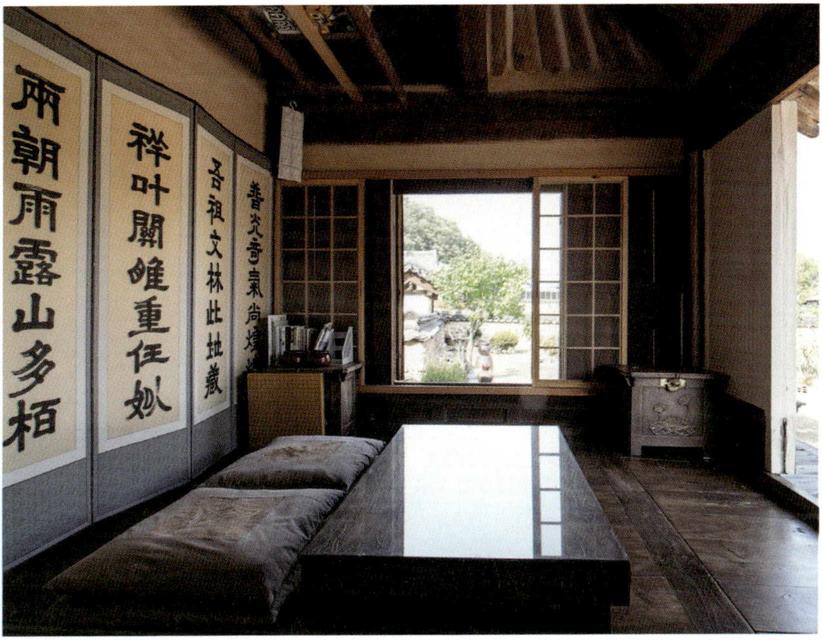
兩朝雨露山多栢
祥叶關雎重任姒
吾祖文林此地藏

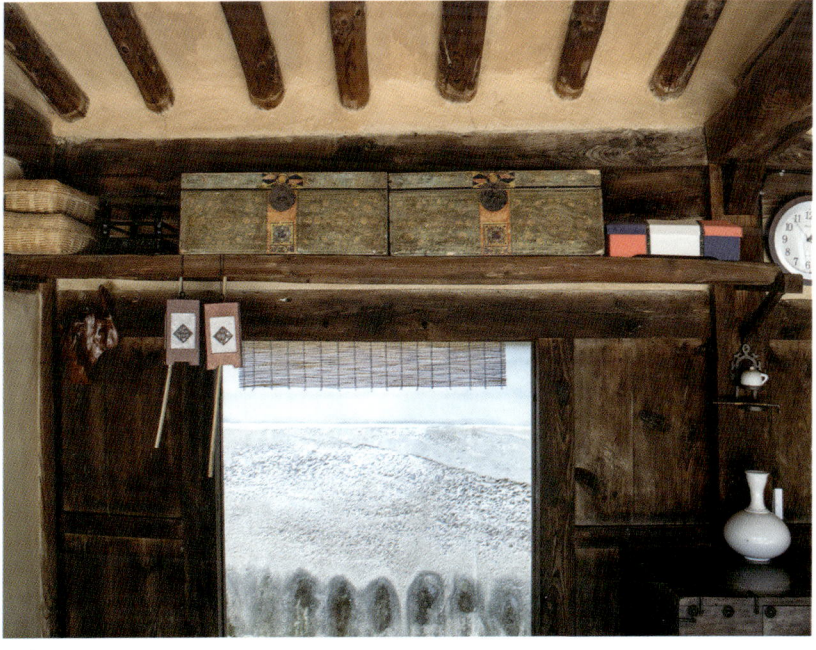

덕천마을에서 가장 큰 집인 송소 고택을 종택이라 생각하는 사람들이 많지만 진짜 종택은 송소 고택 옆에 자리한 찰방공 종택이다. 청송 심씨 악은공의 9세손인 찰방공 심당의 고택으로 청송에서 유일하게 사당이 있는 집이다. 본래 고택은 지금 집터 뒤편에 있었는데 화재로 소실됐고 지금 집은 1933년에 후손이 지었다. 지금은 덕천마을 이장이자 종부인 김순한 여사가 타고난 부지런함으로 집을 유리알처럼 빛나게 돌본다.

종택이지만 아담하다. 자그마한 공간은 옛 물건들로 가득하다. 툇마루 시렁 위에는 김 여사의 시어머니가 받은 함이 창연히 빛나고, 마루 한편에는 시아버지가 직접 만든 소반이 묵묵히 자리를 지킨다. 닦고 또 닦아 아껴 쓴 오래된 물건은 편안하고 맑은 기운을 발산한다.

사랑방, 안방, 작은방, 상방, 별채방까지 방 5개가 있다. 작은방이 특히 포근하다. 이 댁 며느리들이 아기 낳으면 쓰던 방이라 그런지 엄마 자궁처럼 편안하고 아늑하다. 신기하게도 방마다 기운이 다르다. 현명하고 어진 시어머니가 쓰시던 안방은 덕(德)의 기운이 충만하고, 전국에서 글을 받으러 올 정도로 소문난 문장가였던 시할아버지가 쓰던 사랑방은 지(智)의 기운이 그득하다.

예약하면 3일 전부터 군불을 땐다. 훈훈하고 뭉근하게 방을 데우기 위해서다. 종택 입구에 마련한 별채는 최근 지은 건물로 겉은 한옥이지만 내부는 현대식이다. 한옥 체험은 하고 싶은데 한옥 생활에 다소 불편함을 느끼는 사람들을 위한 대안이 된다.

경북 청송군 파천면 송소고택길 23-8
010-9502-7611
chalbanggong.modoo.at
오후 3시 체크인, 오전 11시 체크아웃
사랑방·별채방 15만원, 안방 13만원,
상방 10만원, 작은방 7만원
주차 가능, 취사 불가
체크인 7일 전까지 취소 시 100% 환불

예술의
향기가
피어나는

주인장이 모은 골동품을 보는 낙이 있다.
장독대, 집 안 곳곳의 물건들이 모두 귀하다.

창실 고택

청송의 오래된 방

송소 고택에서 심호택이 분가할 때 지은 27칸 집으로, 당시 며느리의 고향 지명을 따라 창실 고택이라고 불린다. 지금 집은 민화 작가인 최점순 씨가 지킨다. 방치된 고택을 임대해 무성하게 자란 잡초를 뽑아내고 야생화를 심었다. 텃밭을 살뜰히 가꿨고, 조산으로 이어지는 무더기에는 온실도 세웠다. 뒷마당에는 너른 잔디밭을 가꿔 손님이 원하면 바비큐는 물론, 떡메 치기, 송편 만들기 등을 할 수 있는 야외 체험 공간으로 활용한다.

10여 년 전부터 숙박을 시작했다. 방은 총 7개. 그중 하나는 집주인이 살고 다른 하나는 차실과 숙박 손님에 한해 민화 그리기 체험을 진행하는 공간이다. 초당(행랑), 안사랑, 책방, 황토방, 사랑방 등 5개 방이 제각각 매력적이다. 가장 아늑하고 멋진 공간은 안사랑이다.

작은 쪽문을 열면 마당의 흰 꽃, 소담하게 핀 취나물 밭이 창을 가득 메우는데, 그림을 걸어놓은 듯 아름답다. 뒷마당 쪽 툇마루에는 휴대폰 함이 있다. 창실 고택을 즐겨 찾는 여행객 중 일부는 도착하자마자 이 함에 휴대폰을 넣어두고 머무는 내내 꺼내지 않는다고.

뒤편 조산에서 철 따라 산나물 캐고, 민화 작가인 주인장의 가르침을 따라 부채나 손수건 위에 민화를 그리고(제대로 하려면 3시간가량 소요된다), 툇마루에 앉아 잠시 멍하게 지내다가 동네 마실 한번 다녀오면 하루가 쉬이 간다. 바쁜 삶 오롯이 내려놓고 쉬기에 이만한 곳이 없겠다.

경북 청송군 파천면 송소고택길 39
010-8509-2436
changsil.modoo.at
오후 3시 체크인, 오전 11시 체크아웃
사랑방 15만원, 안사랑 10만원, 책방 5만원
주차 가능, 취사 불가
체크인 8일 전까지 취소 시 100% 환불

꽃향기 은은한
신라의 달밤

문화재에서
잠드는
밤

정성스런 손길이 모여 가꿔진 이 집에 예쁘지 않은 구석이란 없다.

향단

꽃향기 은은한 신라의 달밤

대한민국의 보물이자 유네스코 세계문화유산에서 잠드는 밤. 유서 깊은 기와집과 초가가 공존하는 양동마을로 들어서면, 언덕을 타고 웅장하게 이어지며 가장 먼저 눈을 사로잡는 집이 있다. 바로 향단(香壇)이다.

그냥 오래된 집 정도가 아니다. 조선의 대학자 회재 이언적의 어머니를 위해 1500년대 초반 중종 임금이 하사한 99칸짜리 집이다. 세월이 흐르는 동안 규모는 56칸으로 줄었으나 회재 선생을 비롯해 후손이 꼿꼿하게 선비의 가치를 지켰기에 집의 품위는 여전하다. 이난희 대표는 매일매일 모든 기둥과 방과 마룻바닥을 쓸고 닦고 쓰다듬는다. 아파트와 달리 채와 채를 오갈 때 신발을 벗었다 신었다 해야 하지만, 이 귀한 집이 생각할수록 고맙고 볼수록 사랑스럽단다.

왕의 마음이 담긴 집, 향단의 손님이 되는 경험은 그 옛날 사모하는 벗이나 스승의 댁을 방문하는 듯 특별하다. 이 대표는 손이 오는 시각에 맞추어 제철 나물로 전을 부치고 떡을 빚는 등 요깃거리를 만들어 차와 함께 소반에 내놓는다. 안채에 앉아 소반을 앞에 두고 창문과 방문으로 내다보는 풍경도, 이 대표와 나누는 담소도 그대로 행복이다. 좋은 집을 찾아가 머문다는 게 이런 것이구나 새삼 느낀다.

경북 경주시 강동면 양동마을길 121-83
010-6689-3575
www.yangdongvillage.com
오후 2시 체크인, 오전 11시 체크아웃
낙원별방 6만원, 연화민박 5만원
갈곡정 6만원, 유연제 5만원
체크인 1일 전까지 취소 시 50% 환불

제대로
지은
신축 한옥

키 낮은 하늘과 선선한 풀 내음이 도시의 묵은 때를
씻겨주는 듯 상쾌하다.

소설재

햇살이 드리운 대청마루에 올라서자 발바닥이 기분 좋게 따뜻해진다. 내친김에 햇살을 방석 삼아 가만히 앉아본다. 처마 너머 하늘이 친구처럼 다정하다. 시멘트 같은 인공 재료 대신 흙과 나무, 돌로 건축한 한옥에서는 집에 있는 시간이 곧 자연과 함께하는 시간이다.

 2016년 5월 완공한 소설재는 그야말로 잘 지은 한옥이다. 자재를 신중히 고르고 설계에도 신경 썼다. 한옥에 사는 사람이 드문 요즘, 이곳에 투숙하는 동안이라도 한옥이 어떤 공간인지 체험하길 바랐다. 마루에 앉아 오늘의 경치를 즐기는 일, 방과 창문이 반복하며 그려낸 패턴에 감탄하는 일, 내 발로 앞마당과 뒤란을 걸어보는 일, 등잔불을 닮은 아늑한 조명에 의지해 하루를 마무리하는 일, 몸에 포근히 닿는 광목 이불을 덮고 엄마 품에 안긴 듯 잠드는 일, 창호지로 스며드는 달빛과 새벽빛에 마음을 빼앗기는 일이 이 집에선 가능하다.

 아침에는 소설재만의 조식 메뉴, 찰보리떡 샌드위치와 호박죽으로 빈속을 달랠 수 있다. 입구의 2층 누각 중 1층은 카페로 개방하고 2층은 독채 숙소로 사용한다. 일대가 건축 고도 제한 구역이라 2층에 오르면 기와지붕이 이어지는 아름다운 스카이라인과 경주역사유적지구, 남산까지 눈에 잡힌다. 대릉원과 첨성대, 계림이 코앞이다.

경북 경주시 포석로1050번길 46
070-7357-7412
www.soseoljae.com
오후 3시 체크인, 오전 11시 체크아웃
가온 11만원, 나래 9만원, 솔찬 7만원
(비수기 평일 기준)
체크인 7일 전까지 취소 시 100% 환불

포근한
품이
그리울 때

지친 삶을 짊어지고 도망친 곳이 여기라면
금방 아물 것 같다.

와담정&경주한옥1번가

황남동 고분군과 경주 오릉을 연결하는 탑동에 고요한 마을이 있다. 이름은 탑리. 바람 아래 새소리 하나 놓치지 않을 만큼 조용하다. 이곳에서 의좋은 자매가 나란히 한옥을 짓고 손님을 맞는다. 와담정과 경주한옥 1번가다.

"밥은 먹었어요?" "찰보리빵 간단히 사 먹었어요." "아이고 그거 갖고 우짜노. 과일 드릴게예." 따뜻한 대접에 마음이 놓인다. 집은 주인의 성정을 닮아 곱고 깨끗하다. 어머니는 금이야 옥이야 키우겠다는 다짐을 담아 자매에게 후금, 순옥이라는 이름을 주었다. 자매는 나이가 들었고, 부모로부터 금이야 옥이야 받은 귀한 사랑을 이제 서로에게 쏟는다. 함께 살고 싶어서 나란히 지은 한옥은 모양새도, 구성도 꼭 같다.

두 한옥은 각각 너른 마당 한편에 'ㄷ'자로 둘러선 모양새다. 황토로 정성껏 지은 진짜 한옥이라 뜨끈한 방에서 자고 일어나면 산뜻하다. 담장을 따라 나무가 도열해 있고, 마당 중앙 화단에는 소나무가 자리했다. 아직 어린나무들이지만, 세월이 지나 훌쩍 자라면 아름다운 집에 운치를 더할 게다. 마당에서 아이들 노는 소리가 정겹다. 주인은 어린 객들이 무료할까 싶어 민속놀이기구들을 채비했다.

방은 3인실, 4인실, 6인실, 독채로 구성했다. 선비의 방 같은 소박한 모양새지만 침구만큼은 공을 들였다. 순면에 비단을 덧댄 침구는 어찌나 포슬포슬하고 뽀송한지, 만화 찰리 브라운의 라이너스처럼 어디에나 가지고 다니고 싶을 정도다.

고요한 밤, 포근한 비단 이불에 누워 듣는 풀벌레 소리가 아름답다. 인생 별거 있나. 이것만으로 충분히 행복하다.

와담정
경북 경주시 천원1길 16-1
010-6571-3412
wadamjung.com
오후 2시 체크인, 오전 11시 체크아웃
3인실 11만원, 4인실 12만원,
6인실 15만원, 독채 45만원
(비수기 주말 기준)
주차 가능, 취사 불가(독채 예외)
예약 후 24시간 내 취소 시 100% 환불

경주한옥1번가
경북 경주시 천원1길 22
010-9505-5367
hanok1st.com
오후 2시 체크인, 오전 11시 체크아웃
매화·난초 11만5천원,
대나무 16만5천원, 바다 11만원,
독채 50만원(비수기 주말 기준)
주차 가능, 취사 불가(독채 예외)
예약 후 10일 내 취소 시 100% 환불

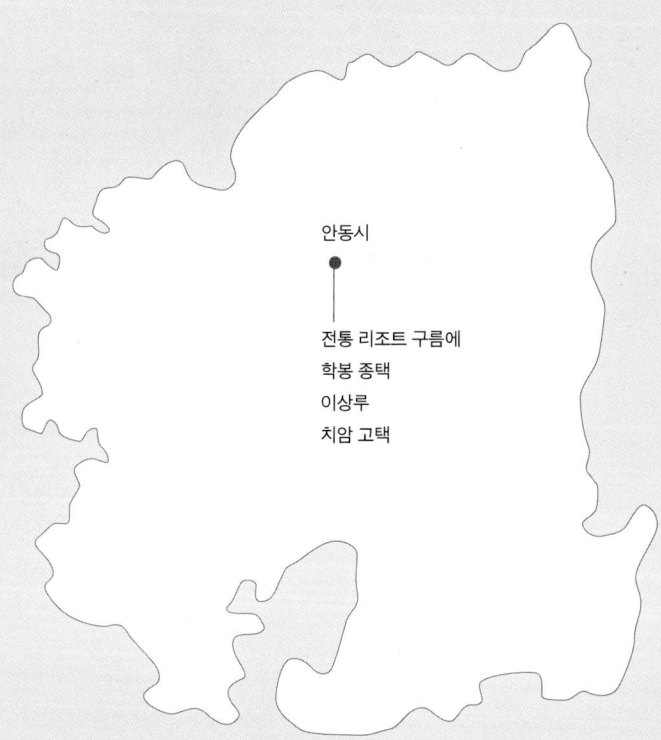

일상도 여행도
잠시 숨 고르는 곳

차곡차곡
모아두고
싶은
밤

창마다 은은하게 파고드는 잔잔한 풍경 아래
정갈하고 건강한 아침상이 더없이 반갑다.

전통 리조트 구름에

구름에 리조트는 계남 고택, 칠곡 고택, 박산정, 서운정, 청옹정, 팔회당 재사, 감동재사 등 총 7개의 고건축물을 고스란히 옮겨와 조성한 한옥 리조트다. 각 고택은 세월만큼 깊은 이야기를 저마다 품었다. 이 중 하룻밤을 묵은 박산정은 1600년대 건축물로 조선 선조 때 공조참의를 지낸 이지(李遲, 1560~1631)가 학문 수양을 위해 건립한 정자다. 리조트 내에서는 가장 오래된 목조건물이다. 박산정(博山亭)은 이지의 호로, 원래 안동시 와룡면 도곡리에 있다가 안동댐 건설로 고지대인 상전마을로 옮겨졌고 2005년 지금의 자리로 이전했다. 툇마루를 중심으로 작은방 두 개가 나란히 배치된 구조다. 검박한 선비의 방에는 횃대, 서안, 소반 등이 소담하게 놓였다. 광목으로 홑청을 두른 요와 이불은 아기를 재우는 할머니의 손길처럼 포근하다.

시간이 가는 줄도 모르게 멍하게 지내거나, 리조트 내에서 운영하는 다양한 전통 체험(다도, 가양주 빚기, 한복 입기, 고추장 만들기 등)에 참여하거나, 리조트 아랫길을 따라 산책을 하거나. 이곳을 누리는 방법은 여러가지다. 하루가 짧다는 게 아쉬울 뿐이다.

경북 안동시 민속촌길 190
054-823-9001
www.gurume-andong.co.kr
오후 3시 체크인, 오전 11시 체크아웃
[계남 고택] 안채 40만원,
사랑채 35만원, 중간방 25만원,
[칠곡 고택] 안채 45만원
(비수기 주말 기준)
주차 가능(리조트 입구에 주차 후
카트나 도보로 이동), 음식물 반입 불가
체크인 10일 전까지 취소 시 100% 환불

세월이
빛나는
따스한
집

육중한 철문이 철컹 열리고, 빛바랜 고서들이 도열한
풍경을 마주한 순간은 마법에 걸린 듯 경이롭다.

학봉 종택

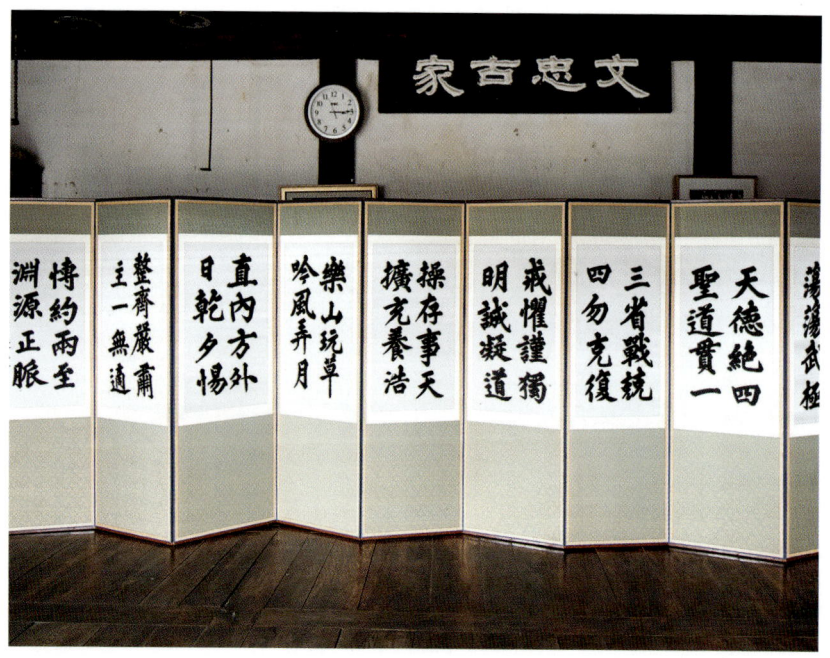

집은 주인을 닮는다. 학봉 고택은 퇴계 이황의 학맥을 이은 학봉 김성일 선생이 500년 전 지은 집으로 현재 종손과 종부가 돌본다. 집 지은 이의 고결함이, 집 지키는 이들의 따뜻함이 집안 가득 조화롭게 스몄다.

종부 이점숙 여사는 학봉의 신주를 모시는 사당이 있는 집에서 불천위(不遷位) 제사를 모시는 진짜 종부다. 투숙객 외에 한 해 2,300여 명의 손님을 맞는 종부의 내공은 깊다. 투숙객이 들면 먼저 안동 식혜와 손수 만든 정과를 대접한다. 모과, 사과, 딸기, 무, 수삼, 박을 얇게 썰어 각각 꽃잎 모양으로 만든 정과는 먹기 아까울 정도로 예쁘다. 이외에 마로 만든 다식, 곶감, 한과를 곁들여 오합, 인원이 많을 경우 칠합에 정성껏 차려낸다. 외국 손님이 투숙하면 종부가 손수 아침을 차리신단다. 종부의 손맛이 궁금하다면 외국인 친구와 동행하는 것도 좋겠다.

방은 행랑채, 상방, 작은사랑, 안채, 윗방, 종택의 동쪽에 외따로 떨어진 풍뢰헌까지 총 10개. 가장 좋은 방은 단연 풍뢰헌이다. 모란이 만발한 푸른 잔디 마당, 노송과 500년 된 모과나무까지 대청에서 한눈에 드는 풍경이 아름답다.

안채에 머문다면 누마루에서 고즈넉한 정취를 즐기는 것도 좋겠다. 누마루에는 꼭 보아야 할 귀한 물건이 있다. 학봉 선생 길제에만 펼친다는 10폭 병풍이 그것인데, 퇴계 이황 선생이 학맥의 적통을 잇는다는 의미로 하사한 병명의 글씨를 종부가 5년에 걸쳐 수를 놓았다. 종택 내 운장각도 꼭 둘러보아야 한다. 1만 5천여 점의 학봉 선생의 진품 유물을 소장하고 있고 이 중 503점은 중요 문화재다. 종손 김종길 선생과 동행해야 관람이 가능하다.

경북 안동시 서후면 풍산태사로 2830-6
054-852-2087
www.hakbong.co.kr
매화실·송죽실·사랑방(윗방/아랫방) 20만원,
작은사랑방 15만원(조식 포함, 비수기 기준)
주차 가능, 취사 불가
체크인 2일 전까지 취소 시 100% 환불

일상도 여행도 잠시 숨 고르는 곳

울창한
솔숲에서의
하룻밤

연못, 축대의 야생화, 초입의 소나무까지
매화방에서 바라보는 풍경이 특히 아름답다.

이상루

일상도 여행도 잠시 숨 고르는 곳

안동시 서후면 태장리의 야트막한 동산의 꼭대기에는 반달 모양으로 이어진 오솔길이 있다. 오솔길 옆으로는 소나무 수천 그루가 병풍처럼 도열했다. 이 아름다운 경치가 품어 안은 곳이 이상루다. 안동 고택 이상루는 안동 김씨 시조를 모시는 재실로 1년에 한 번만 쓰고 문을 닫았다. 황토집은 사람과 함께 숨을 쉬어야 사는데 제사가 있는 10월 초아흐레, 단 하루만 온기가 채워지니 집이 자주 망가졌다. 이를 안타깝게 여긴 시청에서 이신자 관장에게 집을 돌보고 서후면 일대를 문화관광지로 활성화해보자는 제안을 했고, 재실은 온기로 채워졌다.

길가에서는 보이지 않다가 초입으로 들어서는 순간 탄성이 터진다. 길고 높은 소나무 군락, 시절 맞춰 핀 꽃이 알록달록 수놓은 축대, 그 위로 드높게 솟아 있는 이상루를 마주하면 꿈꾸듯 비현실적인 느낌이 든다. 작은방 1개, 사랑방 1개, 중간방 7개, 매난국죽으로 이름한 VIP실 4개까지 방은 총 13개. 총 수용 인원은 80명 정도지만 사람이 많으면 누마루에도 자리를 깐다. 300년 된 누마루의 삐걱거리는 창문을 열면 노송 수천 그루가 정승처럼 선 솔숲과 150년 된 연못이 한눈에 든다.

이신자 관장이 직접 차린 아침 식사에 반해 재방문하는 객이 많다. 가족 단위나 개인이 투숙할 경우 안동 양반식 겸 약선식으로 27첩 반상을 꾸린다. 인삼꽃, 참죽, 두릅, 신선초 등으로 만든 장아찌와 국, 간고등어, 명태 보푸라기, 가오리찜 등으로 구성한 푸짐한 아침상의 가격은 1만 원. 이렇게 차려내면 뭐가 남느냐는 질문에 "밥해주고 만날 천날 밑지지 뭐"라고 답하지만, 그녀의 웃음 속에는 자부심과 따뜻한 애정이 고스란히 배어 있다.

경북 안동시 서후면 풍산태사로 3193-6
010-3522-1542, 054-843-3328
goandong.modoo.at
오후 4시 체크인, 오전 11시 체크아웃
매실·난실·국실·죽실 12만원(비수기 기준)
주차 가능, 취사 불가
체크인 8일 전까지 취소 시 100% 환불

일상도 여행도 잠시 숨 고르는 곳

소란이
잦아드는
정갈한
방

맏집 주부가 정성을 다해 지은 이불만큼이나
예쁘고 귀여운 페르시안 고양이 '묘리'도
이곳의 매력을 더한다.

치암 고택

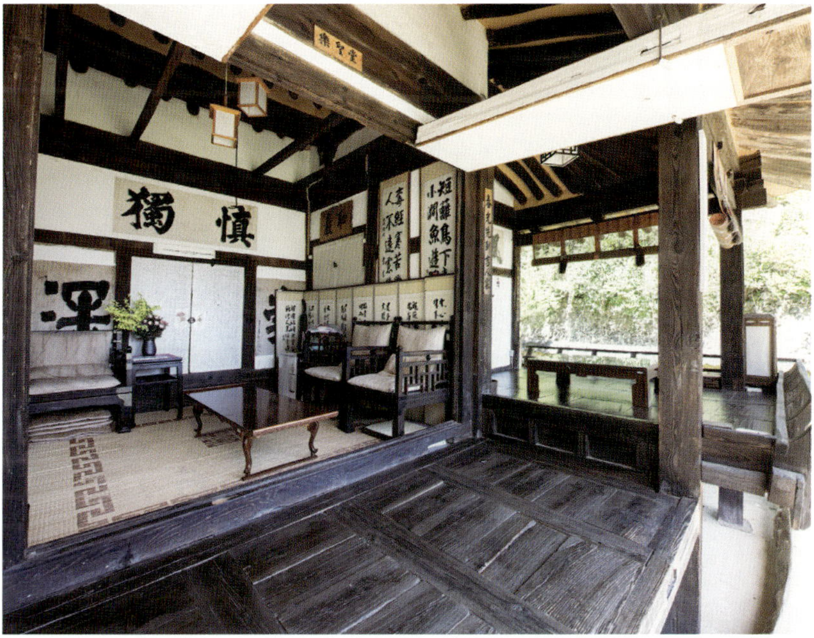

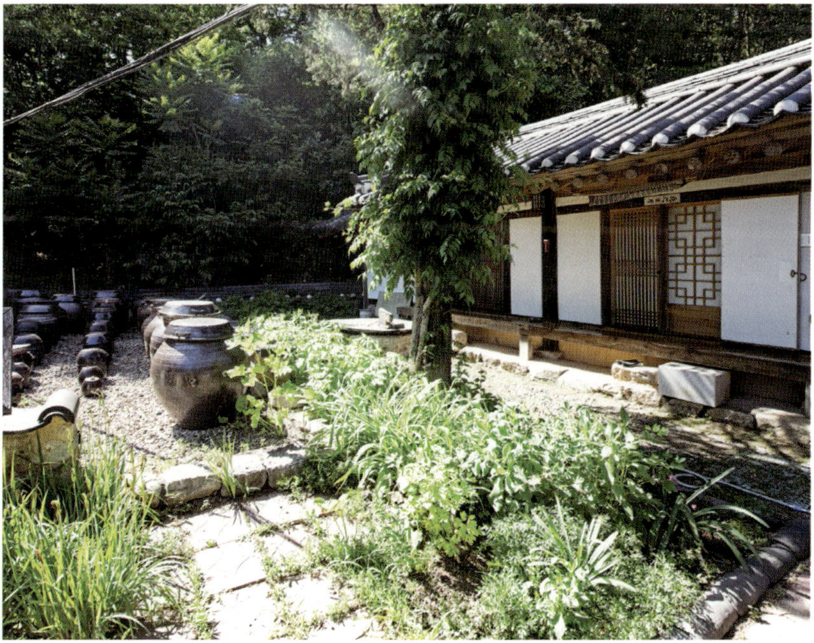

"한옥이라 숨길 데가 없어 어설퍼요"라고 말하며 이불 홑청과 수건을 삶아 너는 맏집 주부 장복수 여사가 수줍게 웃는다. 지나친 겸손이다. 오래된 집은 소담하고 정갈하다. 마당, 사랑채, 안채 앞 장독대, 담장 아래 구석구석까지 집을 가꾸는 이의 정성이 깃들었다.

치암 고택은 조선 고종 때 언양 현감과 홍문관 교리를 지낸 치암 이만현 선생이 낙향해 지은 집이다. 안동댐 수몰 지역인 도산면 원촌리에 있다가 1976년 지금의 자리로 이건했다. 치암은 유난히 형제애가 좋아 형제들 집을 다 지어주고 마지막으로 자신의 집을 지었다. 그 탓에 여력이 없어 별당을 따로 내지 못하고 작은 사각마루를 사랑채 옆 툇마루와 연결했다. 이 작은 사각마루가 이 집의 백미다. 가만히 앉아 있으면 휘휘 도는 바람이 포근해 하염없이 머물게 된다.

머무를 수 있는 방은 상방, 중방, 안방, 사랑채, 행랑까지 총 10개. 한 번에 30~35명까지 수용 가능한 규모다. 가장 좋은 방은 사랑채로 방 하나만 써도 되고 툇마루까지 연결해 독채로 쓸 수도 있다. 사랑채와 툇마루 벽면에는 퇴계 이황을 비롯해 조선시대 문인들이 이집을 방문해 쓴 글씨들이 빼곡하다. 말 그대로 글로 도배한 방이다.

> 경북 안동시 퇴계로 297-10
> 054-858-4411, 010-3530-4413
> www.chiamgotaek.com
> 오후 3시 체크인, 오전 11시 체크아웃
> 상덕재·계명재(별당채) 12만원, 호도재 10만원
> 학구재·일건재(대문채) 5만원(비수기 기준)
> 주차 가능, 취사 불가(주방 포함 객실 예외)
> 체크인 3일 전까지 취소 시 100% 환불

여행자를 위한 아지트

너와
나의
아지트

영리한데 성실하기까지 하다.
어느 하나 부족함 없는 지금보다 더 나아질
앞날이 기대된다.

블루보트 게스트하우스

여행자의 필요를 정확히 알고 채워주는 똑똑한 게스트하우스다. 여행을 사랑하는 주인장이 인테리어 회사도 운영하는 덕에 시너지가 빛을 발한다. 게다가 게스트하우스에 머무는 누구나 행복한 시간을 보내고 갔으면 하는 예쁜 마음까지 갖췄다.

게스트하우스 중앙은 조식 식당이다. 조식 시간 외에는 카페처럼 사용할 수 있다. 벽면을 따라 배치한 객실은 총 7개, 베드는 25개다. 침대마다 독서 등과 작은 책상을 맞춤 제작했고 블라인드를 설치해 다인실에 묵어도 어느 정도 개인 공간이 확보된다. 침대 아래에는 짐 둘 공간을 수납형으로 깔끔하게 제작했다. 객실마다 도어록을 설치해 안전 문제에 대한 걱정도 덜었다.

친절한 직원들 역시 두말할 나위 없다. 자신의 경주 여행 경험과 손님들의 여행 콘셉트를 바탕으로 동선과 효율을 고려해 최적의 여행 루트를 짜준다. 또 하나, 많이 걸어야 하는 경주의 지리적 특성에 맞춰 종아리 마사지기를 마련해둔 점도 칭찬할 만하다.

경북 경주시 원화로 252-1
010-2188-9049
blueboat-hostel.com/Gyeongju
오후 3시 체크인
(밤 8시 이후 셀프 체크인),
오전 11시 체크아웃
6인실 2만4천원, 4인실 2만7천원,
2인실 6만원, 트윈룸 6만3천원
(비수기 주말 기준)
주차 시 도보 3분 거리 노상 주차장 이용
간편식 조리 가능(전기 포트,
전자레인지 외 사용 불가)
체크인 7일 전까지 취소 시 100% 환불

진심과
소신이
묻어나는

위치, 청결도, 서비스까지 모두 착한 궁극의 비즈니스호텔.

141미니호텔

독일에서 공부한 대표가 부모가 운영하던 모텔을 세련되고 젊은 모습으로 탈바꿈해 호텔로 재개장했다. 비즈니스센터, 조식 레스토랑, 북카페, 작은 회의실, PC라운지 등의 공용 공간을 획기적으로 늘리는 등 호텔 고유의 콘텐츠를 만드는 데 공을 들였다.

이곳은 시기에 따라 널뛰는 바가지요금 없이 명확한 가격 정책 덕에 고객의 재방문율이 높은 편이다. 평일에는 주로 내국인 비즈니스 고객과 외국인 여행객이, 주말에는 내국인 여행객이 많이 찾는다. 주변 관광지와 교통편을 담은 가이드북도 직접 만들어 제공하는데 만족도가 높다.

체크인 전 항상 방 상태를 두 번 이상 꼼꼼히 점검하는 등 객실 청결도에도 많은 신경을 쏟는다. 객실 타입은 스탠더드, 더블, 패밀리 트윈으로 총 29개인데, 별관이 추가 오픈하면서 기존보다 더욱 여유 있어졌다. 1층에는 사우나가 있어 피로를 풀기 좋다. 투숙객은 무료로 이용이 가능하다.

경북 경주시 원효로 141
054-742-8502~3
www.141minihotel.com
오후 4시 체크인
(얼리 체크인 오후 3시부터),
정오 체크아웃
더블룸 7만3천원, 트윈룸 8만3천원,
패밀리 트윈룸 12만원
(비수기 주말 기준)
주차 가능, 취사 불가
체크인 3일 전까지 취소 시 100% 환불

아이들과
함께 라면

하루종일 따가운 햇빛 아래 돌아다닌
아이의 편안한 밤을 위해.

신라부티크호텔 프리미엄

4월이면 벚꽃 천지로 변하는 형산강변에 자리한 신라부티크호텔 프리미엄은 가족과 묵기 좋은 호텔이다. 객실은 일반 객실과 키즈룸으로 나뉘는데, 키즈룸에는 혹시 모를 아이들의 부상을 방지하는 저상 침대와 놀이용 그물 텐트를 가져다놓았다. 특히 텐트는 아이들이 서로 뛰어들 만큼 열광하는 아이템. 키즈룸 손님에게는 바로 옆에 있는 히어로 키즈파크 입장권을, 일반 객실 손님에게는 대형 스파인 스파럭스 입장권을 준다. 키즈파크는 지하 1층, 지상 3층 규모로 다양한 시설을 구비해 시간이 훅 지나간다.

경북 경주시 강변로 200
054-624-3366
www.sillaguesthouse.com
오후 3시 체크인, 오전 11시 체크아웃
프리미엄 더블배드 13만원9천원,
프리미엄 키즈 디럭스 17만원9천원
(비수기 주말 기준)
체크인 8일 전까지 취소 시 100% 환불

주변관광지 — 경상도

주왕산국립공원

세계 지질 공원으로 지정된 곳 중 하나로 '기암절벽의 종합 전시장'으로 불린다. 공원 초입에 자리한 천년 고찰 대전사부터 용추폭포까지 5.8km 구간은 탐방로가 정비되어 있는 데다 주왕암, 주왕굴, 급수대, 학소대, 주상절리, 천동알 등 지질 탐사도 가능하다. 주방천 페퍼라이트 앞 갈림길에서 주왕암과 주왕굴로 향하는 코스를 돌아 생태탐방로를 통해 용추계곡까지 가는 코스가 압권이다. 거대한 기암괴석이 첩첩이 선 풍경에 탄성이 절로 난다. 주차장에서 용추계곡을 돌아오는 코스는 2시간 30분가량 걸린다.

경북 청송군 주왕산면 공원길 169-7

첨성대

내 집 마당에 두고 싶지만 그럴 수 없어 애틋하고 귀한 유물이다. 갸우뚱하게 선 부드러운 태가 어찌나 귀여운지 시선을 떼기 어렵다. 신라 선덕여왕 때 축조된 천문대라는 건 누구나 아는 상식. 1,300여 년 전 별을 헤는 마음은 어땠을까 상상만으로도 벅차다. 월성지구와 대릉원 일원의 중심에 위치해 주변 볼거리가 풍성하다. 밤이 되면 일대가 조명빛에 물든다. 캄캄칠야, 너른 벌판에 우뚝 서 빛나는 첨성대는 압도적이다. 가을이면 주변으로 핑크뮬리가 지천이다.

경북 경주시 인왕동 839-1

황리단길

경주 황남동과 경리단길, 두 단어를 줄여 황리단길이라 부른다. 정확히는 내남네거리 남쪽 포석로 1.4km 구간이다. 왕복 2차선 도로인 포석로를 따라 둥지 튼 가게들은 작고 아름답고 제 중심이 단단하다. 커피, 책, 경주에서만 볼 수 있는 문화 상품을 그러모은 작은 선물과 정갈한 식사를 주로 판매한다. 제각각 매력적이라 어느 한 곳 빼놓기 아쉽다. 선물 가게 '배리삼릉공원'은 아름다운 물건이 가득해 지갑이 쉬이 열린다. 책방 '어서어서'는 책을 구입하면 직접 제작한 약 봉투에 넣어준다. 길 안쪽 골목 구석구석을 들여다보는 일도 아름답다. 세월이 진하게 묻은 담장, 문, 벽, 기와 등을 조용히 보는 일이 평온하다.

경북 경주시 포석로 1080

대릉원

이른 아침의 대릉원은 마치 다른 행성을 걷는 느낌이다. 한 시절을 통치하던 왕과 귀족이 잠든 자리 위로 안개구름이 내려앉았다. 구름과 고분 사이로 까마귀들이 떼 지어 난다. 바람이 구름을 가른다. 짧은 순간, 햇살이 내리쬐고 불뚝 솟은 표면 위로 구름의 그림자가 선명하게 박혀 너울댄다. 이 모든 풍경이 신비로워 홀리듯 걷게 된다. 인적이 뜸해 더러 스산하지만, 그 때문에 또 좋다. 신라시대 고분군인 대릉원에는 총 23기의 능이 있다. 경주에서 가장 큰 규모의 고분인 황남대총, 댓잎 군사의 전설을 간직한 미추왕릉, 고분 내부를 개방해 관람이 가능한 천마총이 모두 대릉원 일원에 있다.

경북 경주시 황남동
054-750-8650

전라도

내 집만큼 친숙한,
호텔처럼 편리한

한옥을 느끼며 편리하게

현대식 생활공간에 옛 방식을 살린 기와, 툇마루, 전통 한식문, 목재가 멋스럽게 제몫을 해낸다.

인연

벽에 등을 기대고 앉아서 방을 둘러본다. 시멘트가 아닌, 벽지도 바르지 않은 회벽이다. 재단한 듯 직선으로 딱 떨어지는 벽 대신 어디는 조금 튀어나오고, 어디는 들어간 부드러운 선의 벽에서 사람 냄새가 물씬 난다. 지은 이의 손길이 느껴지는 집은 오랜만이다. 징다운 벽을 쓸어내린 손 그대로 바닥을 훑는다. 바닥엔 옻칠한 한지를 깔았다. 한옥이 단순히 기와와 마루의 겉모양을 넘어 자연과 조화를 이루려는 정신이라면 '인연'은 진짜 한옥이 맞다.

회벽과 한지 바닥은 관리하기가 까다롭다. 회벽은 때로 가루가 바스라지고, 손님의 혹시 모를 실수가 낳은 오염에 대책이 막연하며, 한지 장판은 일반 장판보다 잘 벗어진다. 불편을 견딜 만한가 사람들이 묻지만 주인장은 그저 이 집이 고마울 따름이다. 평생 아파트 생활을 하느라 한옥을 알지 못하던 자신이 자연을 곳곳에 담은 한옥과 어떻게 '인연'이 닿았는가 생각한다. 문 연 지 벌써 수년째. 그 세월은 한옥과 친해지는 시간, 손님 한 분 한 분과 인연이 늘어가는 시간이었다. 어느 손님이 예전에 자신이 살던 집이었다고, 집이 여전하다고 글썽거릴 땐 그도 함께 글썽글썽했다. 큰 변화라고는 편의상 방마다 화장실 겸 욕실을 갖춘 게 전부다. 수령 200년으로 추정하는 석류나무가 장관인 마당은 또 하나의 매력. 언제나 놀이와 담소, 사색의 공간이 되어준다.

전북 전주시 완산구 한지길 36
010-2908-4965
www.전주한옥숙박.kr
오후 3시 체크인, 오전 10시 30분 체크아웃
난초·대나무 13만원, 매화·국화 10만원
주차 가능, 취사 불가, 장애인 객실 있음
체크인 9일 전까지 취소 시 90% 환불,
7일 전까지 취소 시 70% 환불

전주의,
전주에
의한

좋은 사람들이 운영하는 좋은 호텔은 깨끗하고 편안하다.

이화호텔

전주를 찾는 첫 번째 이유는 단연 한옥마을이다. 마을 내력을 짚는 여행이든, 한복을 입고 기념사진을 남기는 여행이든 삶이 녹아 있는 한옥이 나란히 선 풍경은 사람을 매료시킨다.

전주가 고향인 이화호텔 대표는 과거의 전주와 지금의 전주를 모두 사랑한다. 그 마음으로 1년 내내 다양한 축제와 공연 등을 후원하고 연계해 손님에게 할인 혜택을 제공한다. 지역 농산물과 생산품을 이용하고, 메이드를 비롯해 전 직원이 정직원이라는 점도 인상적이다.

객실에 비치한 웰컴 쿠키는 과거에 근무하던 직원이 오픈한 베이커리에서 매일 아침 공수해온다. 1층의 브런치 카페는 커피와 브런치 메뉴는 전주 시민은 물론 여행객 SNS에서 입소문이 자자하다. 호텔 침구 및 커튼, 가구 등 거의 모든 제품은 방염 소재 또는 방염 처리되었다. 호텔 위치는 한옥마을에서 걸어서 3분 거리. 경기전과 전동성당, 남부시장, 영화의 거리가 두루 가깝다.

전북 전주시 완산구 전라감영로 76
063-284-6699
www.yihuahotel.net
오후 3시 체크인, 정오 체크아웃
스탠더드 더블 13만900원,
디럭스 트윈 16만9400원
주차 가능, 취사 불가, 장애인 객실 있음
체크인 3일 전까지 취소 시 100% 환불

아늑한
마당이
있는

눈에 익은 단층 한옥의 모습이 소박하고 편안하다.
간이 주방이 딸린 독채도 있어 선택의 폭이 넓다.

한옥이야기

푸짐한 아침 밥상을 즐기고, 감나무 밑 테이블에서 커피 한 잔의 여유를 느낄 수 있는 소담한 공간이다. 마당도 없고, 그 마당에 나무 한 그루 키워보지 않고서 집에 산다고 했구나. 대문을 들어서자마자 만나는 감나무는 이 집에서 40여 년째 살고 있는 대표가 딸을 낳았을 때 대표의 아버님이 기념으로 심은 나무다. 70여 년 역사를 지닌 한옥은 곳곳이 흥미진진한 이야기로 가득하다. 조식은 마당 한쪽에 마련한 편백나무 카페에서 차려낸다. 제대로 만든 집밥을 무료로 맛볼 수 있어 더욱 좋다.

전북 전주시 완산구 은행로 83-14
063-286-1759
www.한옥이야기.kr
오후 2시 체크인, 오전 11시 체크아웃
특실1·특실2·솔빛 12만원,
금빛·달빛·별빛 8만원
주차 가능, 취사 불가
체크인 10일 전까지 취소 시 90% 환불

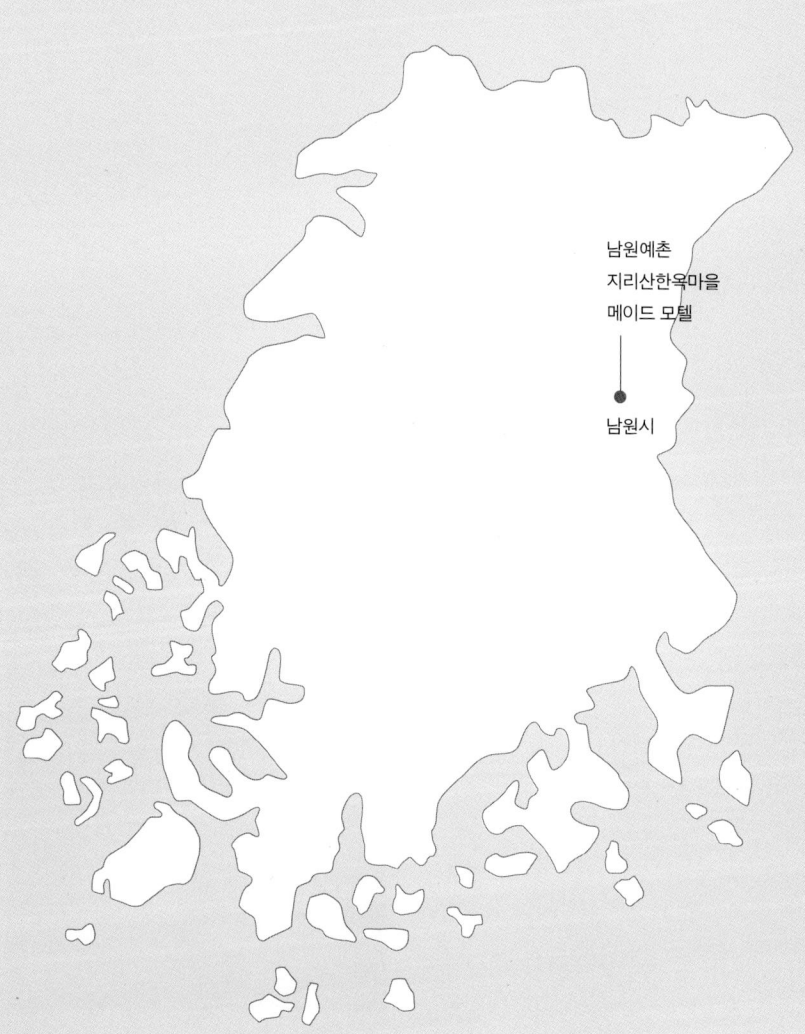

안온이 깃든 남원의 방

안락하게
잠드는
한옥

좋은 내음이 가득하다. 방 안의 나무 냄새, 마당 굴뚝 옆으로 피어오르는 연기 냄새가 마음을 말캉하게 녹인다.

남원예촌

안온이 깃든 남원의 방

한옥에서 밤을 보낸다는 것은 흥미로운 일이지만, 더러는 약간의 불편을 감수해야 하는 부분도 있다. 남원 관광의 중심지인 광한루 바로 옆에 자리한 남원예촌은 이 딜레마를 완벽히 해결한 한옥호텔이다. 고택에 비해 고풍스러운 멋은 덜하지만 땔감으로 방을 데우는 온돌방식으로 정성스럽게 지었다. 풀벌레 소리, 대청마루 위에서 즐기는 나른한 오후 등 한옥에서 누릴 수 있는 즐거움에 특급호텔의 서비스와 쾌적함, 안락함이 더해졌다. 전통과 현대가 꼭 알맞게 조화를 이룬 셈이다.

구조는 작은 궁을 연상케 한다. 리셉션인 도움마루, 연회장인 사랑마루, 아담한 정자인 부용정이 예촌문 앞에 모여 있고 그 뒤쪽으로 객실이 도열한 형태다. 건물 사이에는 정갈하게 가꾼 작은 정원이 있어 사부작사부작 걷기 좋다.

스탠더드, 디럭스, 슈페리어, 스위트 타입으로 나뉜 객실은 총 22개. 특급호텔에서 주로 쓰는 '아로마테라피 어소시에이트' 브랜드의 어메니티가 욕실에, 네스프레소 커피 캡슐과 한과, 약과가 미니바에 비치돼 있다. 침구 역시 세심하게 배려했다. 딱딱한 베개, 소프트한 베개가 나란히 있어 기호에 맞춰 선택할 수 있다.

한옥호텔인 만큼 다양한 전통 체험도 채비했다. 한지, 손거울, 부채 등 만들기 체험, 한복 혹은 평상복을 입고 한옥을 배경으로 가족사진을 촬영해 앨범을 제작하는 포토북 서비스도 인기다(사전 신청 및 비용 별도). 주말이면 부용정에서 판소리와 가야금 공연이 열리니, 판소리의 고장 남원의 정취를 만끽하고 싶다면 놓치지 말 것!

전북 남원시 광한북로 17
063-636-8001
www.namwonyechon.com
오후 3시 체크인, 오전 11시 체크아웃
스탠더드 온돌 11만4천원부터,
디럭스 온돌 14만5천원부터,
디럭스 대청 17만5천원부터
취사 불가, 장애인용 이동식 경사로 설치 가능
체크인 3일 전까지 취소 시 100% 환불

이야기
깊은
한옥

아름다운 나무들이 가득하다.
종일 집에서 나무만 봐도 더없이 좋겠다.

지리산한옥마을

안온이 깃든 남원의 방

지리산 산세가 빙 두른 마을 대정리는 이름 그대로 커다란 우물을 닮았다. 지리산한옥마을은 350년 전 이곳에 터를 잡은 한옥이다. 집 앞에는 뱀사골에서 흘러내린 남천이 있고, 이는 낙동강이 되어 남해로 흐른다. 마당에 앉아 물소리를 들으며 고개를 들면 푸르고 맑은 하늘 아래 사방으로 지리산 산세가 펼쳐져 있다. 앞쪽으로 아스라이 보이는 천왕봉이, 좌측으로 덕두봉이, 뒤쪽으로 삼봉산이 집을 감싸안아 아늑한 느낌이다.

집은 15년 전부터 한옥 체험 고택으로 거듭났고 이에 맞춰 다채로운 전통 문화 축제의 장이 됐다. 봄이면 종가의 산과 들판에서 고사리를 꺾고, 쑥을 캐고, 다래 순을 따고 냇물에서 소라를 잡는다. 여름에는 낮 동안 캔 하지 감자를 먹으며 별을 헨다. 가을에는 집을 둘러싼 200년 수령의 은행나무 열다섯 그루 아래서 음악회를 열고 시를 낭송한다. 계절이 돌보는 집에서 사람들은 저마다 아름다운 이야기를 짓는다.

나무 이야기를 빼놓을 수 없다. 은행나무 외에도 200년 된 가죽나무, 100년 된 감나무와 모과나무, 70년 된 목련나무들이 마당 곳곳에 있다. 나무의 맑고 굳건한 기운은 어지러운 마음을 보듬는다. 백범 김구 선생, 백선엽 장군, 노벨문학상 후보로 지명됐던 작가 아나톨리 김 외에도 수많은 문인과 정치인, 예술인이 이 집에서 몸을 뉘고 마음을 쉬었다. '집이 사람을 안는다'는 느낌은 머물수록 강렬해진다. 어디로 가는지 모른 채 빠르게만 움직이는 자신을 다잡고 싶다면 이만한 곳이 없겠다. 객실은 총 12개. 오래된 옛집부터 신축한 한옥까지 어느 곳에 머물러도 좋다.

전북 남원시 산내면 대정방천길 43
063-636-1009
오후 3시 체크인, 오전 11시 체크아웃
본채 40만원, 사랑채 큰방 15만원,
작은채 5만원
취사 불가, 휠체어 이동 가능(전화 문의)
체크인 2시간 전까지 취소 시 100% 환불

안온이 깃든 남원의 방

조용하고
쾌적한
휴식처

광한루에서 차로 10분 거리, 남원 요천을 따라 이어진 가로수길에 자리해 객실에서 보는 뷰가 상쾌하다.

메이드 모텔

남원 춘향테마파크 옆에 자리 잡은 메이드 모텔은 빈티지, 로맨스, 하이글로시의 콘셉트로 총 35개의 객실을 운영하고 있다. 남원에 높은 건물이 없는 덕에 날이 맑으면 멀리 남원산성까지 한눈에 든다. 객실 뷰로는 남원에서 으뜸이라는 주인장의 자부심이 괜한 것이 아니다.

스탠더드 더블과 온돌, 스페셜 타입의 객실은 총 35개. 시내 중심에 비해 조용하고 뷰가 좋아 단골 고객이 많다. 봄이면 요천 반대편 아카시아 군락에서 풍기는 향기에 취해 일주일을 머무는 손님이 있을 정도. 청결에도 정성을 쏟는다. 청결팀과 점검팀이 이중으로 객실 상태를 매일 점검한다. 한두 시간 정도는 여유 있게 얼리 체크인, 레이트 체크아웃이 가능하다. 조식은 제공하지 않지만 로비에 있는 작은 비즈니스센터 옆으로 커피와 다과가 마련돼 있다.

전북 남원시 소리길 110
063-634-8881
오후 2시 체크인, 정오 체크아웃
스탠더드 5만원, 더블 7만원,
트윈 7만원(주중 기준)
주차 가능, 취사 불가, 장애인 객실 있음
체크인 7일 전까지 취소 시 100% 환불

남도의 선물 같은 하룻밤

고즈넉한
한옥의
밤

자연스럽고 소담한 정원에는
주인장의 세심하고 꾸준한 손길이 배어 있다.

산에는 꽃이 피네

서울에 북촌 한옥마을, 경북 안동에 하회마을이 있다면 전남 나주에는 도래마을이 있다. 1400년대에 형성된 도래마을 곳곳에는 문화재로 지정된 가옥이 자리한다. 나주 계은 고택은 국가민속문화재 제151호로, 홍기창 가옥은 전남 시도민속문화재 제9호로 보존할 만큼 가치 있는 집이 많다.

마을 내 한옥 100여 채 중 '산에는 꽃이 피네'는 한옥에서의 아늑한 하룻밤을 선사한다. 고조할아버지 때 지어 아버지가 태어나고 홍주연 대표도 자란 집이다. 그는 마당과 마루를 뛰어노는 아이들을 보면 자신의 어린 시절이 떠오른다고 말한다.

네 개의 방 중 '서로방'에 짐을 풀고 수놓은 이부자리에 누웠다. '단기 4252년 기미년(1919년) 3월 17일'이라 쓰인 상량에 시선이 향한다. 예전에는 대청마루 위 상량에 건축 시기를 표기했으니 이 방은 대청마루였겠구나 짐작해본다. 분합문을 활짝 열고 방에 누워 풍경을 즐기다 어느새 잠이 들었다. 아침에 눈을 뜨니 맑은 공기 덕분에 몸이 한결 가볍다. 손님이 원하는 시간에 차려주는 조식(신청 시)도 일품이다. 정성 가득한 아침 한 상은 조미료를 넣지 않은 손맛이 입맛을 돋운다.

전남 나주시 다도면 동력길 20-1
010-4612-4232
sane.modoo.at
오후 3시 체크인, 오전 11시 체크아웃
품방 18만원, 서로방 16만원,
동행방 15만원, 여누방 13만원
(비수기 주말 기준)
주차 가능, 취사 가능
체크인 7일 전까지 취소 시 100% 환불

빈티지함이
돋보이는
공간

푸른 나무와 꽃이 한껏 설렌 여행자를 맞는다.

샤르망호텔

넉넉한 주인장의 마음이 곳곳에 담겨 있는 호텔이다. 꽃과 나무가 한껏 어우러진 정원으로 들어서면 마치 햇살 좋은 프랑스 마을에 온 듯 마음이 설렌다.

오픈 당시 심은 종려나무가 수 미터로 자라는 동안 호텔도 성장했다. 수년 전 부모님이 운영하던 호텔을 물려받은 주인장은 과감한 리노베이션을 통해 프런트 이상도 이하도 아니었던 로비 공간을 투숙객을 위한 공간으로 만들었다. 객실 또한 다른 호텔에 비해 넓고 안락하게 꾸몄다. 그 덕분에 가족 단위 여행객들에게 많은 사랑을 받고 있다고.

1층에서 다른 투숙객들과 책을 읽고 차를 마시며 이야기를 나누는 동안, 시선은 자연스럽게 식탁으로 이어진다. 부모님이 운영하던 시절부터 수집해온 빈티지 찻잔과 그릇, 접시에 주인장의 어머니가 직접 만든 손뜨개 무릎 담요와 쿠션까지 눈길이 가지 않는 것이 없다. 그 정감 어린 분위기에 지친 마음이 절로 힐링되는 듯하다.

전남 목포시 신흥로59번길 5
061-285-3300
www.charmanthotel.co.kr
오후 3시 체크인, 오전 11시 체크아웃
일반 6만원, 트윈 7만원,
패밀리 9만원(비수기 주말 기준)
주차 가능, 취사 불가
체크인 7일 전까지 취소 시 100% 환불

감성 가득
목포 바다를
방 안에서

위치도 풍광도 모두 훌륭한 가성비 최고의 호텔.
온돌룸은 최대 6명까지 숙박 가능하다.

마리나베이호텔

목포역에서 길목으로 들어서면 오랜 역사가 느껴지는 건물들이 눈길을 끈다. 그 사이로 사부작 10분쯤 걸어가면 마리나베이호텔이 자리한다. 이곳의 매력은 역에서 가깝다는 점 외에도 모든 객실에서 목포 바다가 보인다는 데 있다.

객실로 들어서자 창밖으로 내다보이는 삼학도와 목포항이 '목포에 왔구나' 실감케 한다. 봄이면 삼학도에 핀 튤립을, 여름에는 새파란 물빛을, 겨울에는 눈발 나리는 바다 풍경을 즐길 수 있다.

15개 방 모두 바다 전망이지만 그중 5층 패밀리 룸이 가장 인기다. 온돌방에 침대 대신 도톰한 요를 깔았다. 침대에서 아이가 떨어질까봐 걱정할 필요 없고, 침대를 불편해 하는 부모님께도 제격이다. 취사도 가능해 수산시장에서 저렴하고 싱싱한 해산물을 구입해 편히 맛볼 수 있다.

전남 목포시 해안로249번길 1
061-247-9900
www.marinabayhotel.co.kr
오후 3시 체크인, 오전 11시 체크아웃
프리미엄 한실 7-10만원,
패밀리 한실 9-13만원,
트리플 베이 8-10만원,
더블 베이 6-8만원(주중·주말 요금)
주차 가능, 한실 취사 가능
체크인 6일 전까지 취소 시
100% 환불

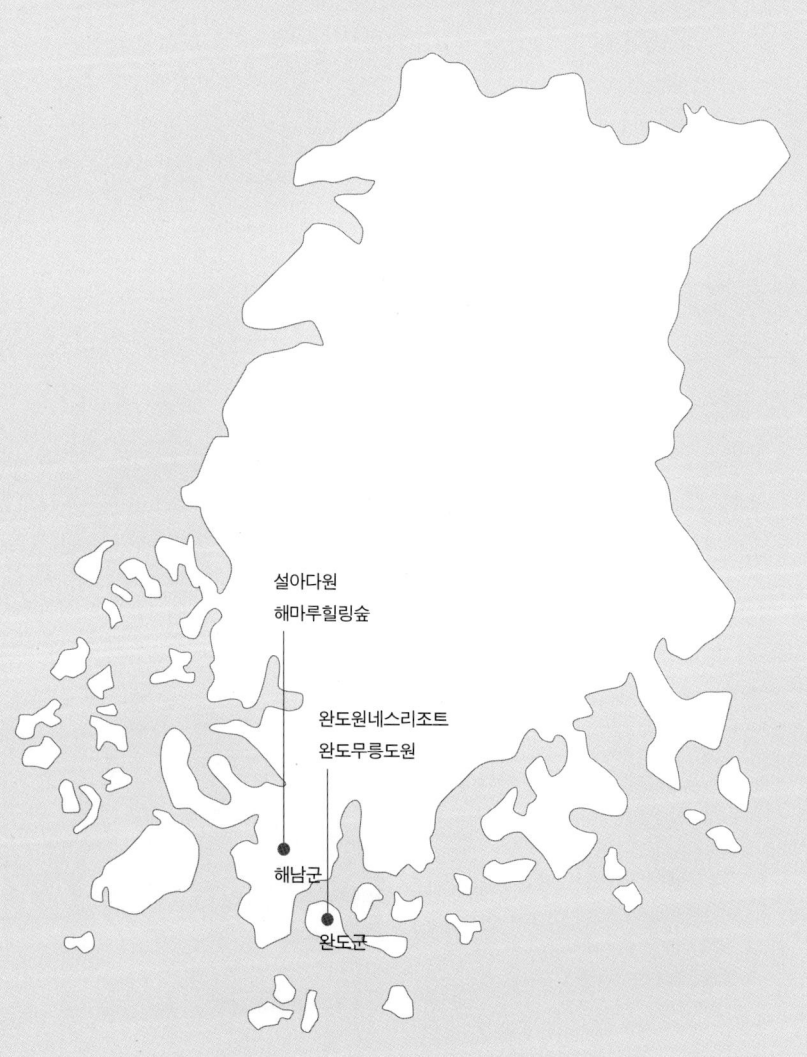

포근한 봄볕이 깃드는 방

봄을
즐기는
또 하나의
방법

풍요로운 해남 사람들은 마음의 품도 넓은 모양이다. 마음을 다해 찾아온 이를 대하는 주인 부부의 마음 역시 넉넉하고 따스하다.

설아다원

파란 하늘과 초록빛 녹차나무의 물결, 그리고 아담하고 소박한 한옥. 마당에 앉아 있으니 "참 좋다, 봄이로구나"를 절로 되뇌게 된다. 설아다원은 우리 문화를 지키며 욕심 없이 사는 부부가 운영하는 곳으로 해남의 소문난 명소다. 두륜산 자락에 폭 안긴 집과 그 집을 꾸리고 사는 집주인 부부는 푸근하고 넉넉한 산의 인상을 쏙 닮았다.

이곳은 사철 언제 가도 좋지만, 특히 생명의 기운이 가득한 3월부터가 진짜다. '봄꽃놀이'라는 단어를 꺼내자 자연스럽게 매화나 목련, 쑥으로 차를 만들고 지천에 널린 진달래와 연노란 생강나무 꽃으로 화전을 지져서 봄을 누리는 이야기로 이어진다. 집 주변이 온통 체험거리이자 즐길 거리인 셈이다.

설아다원의 또 다른 특징은 부부와 함께 할 게 많다는 점이다. 직접 농사지어 만든 차를 마시면서 아내 마승미 씨의 구성진 소리를 감상하는데 온몸이 짜르르하다. 연둣빛 새순이 올라올 때쯤엔 숲 해설사인 남편 오근선 씨와 근처로 봄맞이 산책을 다녀오는 것도 좋은 선택이다.

잠을 청할 방은 딱 세 개인데, 각각 녹차방, 황차방, 홍차방이다. 세 방 모두 아늑하고 하룻밤 청하기에 과하지 않아 좋다.

전남 해남군 북일면 삼성길 153-21
061-533-3083
www.seoladawon.co.kr
오후 4시 체크인, 오전 11시 체크아웃
한옥녹차방·한옥황차방·한옥홍차방 10만원
(비수기 주말 요금)
체크인 10일 전까지 취소 시 100% 환불

포근한 봄볕이 깃드는 방

24시간
바다와
함께

탁 트인 창가에 서면 눈앞에 청록빛 바다가 펼쳐진다.

완도원네스리조트

신생 리조트인 완도원네스리조트는 109개의 객실을 갖춘 완도 최대 규모이자 유일의 리조트다. 이곳의 최대 장점은 객실이 넓다는 것. 처음부터 공간을 넓게 설계해서 가족 여행객에게 특히 적합하다.

객실은 스탠다드, 패밀리, 스위트, 로얄 스위트 네 가지로 구성되어 있다. 이 중 로얄 스위트는 복층 구조에 침실이 2개 이상 마련돼 있고 거실까지 넓어서 단체 여행객들도 무리 없이 사용할 수 있다. 통유리로 되어 있는 욕실은 로얄 스위트의 하이라이트로 꼽힌다. 쏟아지는 햇살에 반신욕을 즐기면서 수평선을 따라 잘게 부서지는 윤슬을 만끽해보자. 층별로 공동 취사장과 취사도구가 갖춰져 있다는 것도 장점 중 하나. 바다 조망이 훌륭한 야외 수영장과 바비큐장도 인기다.

전남 완도군 완도읍 청해진서로 189-50
061-553-1000
www.onenessresort.com
오후 3시 체크인, 오전 11시 체크아웃
프리미엄 한실 21만원,
패밀리 한실 25만원,
스위트 한실 29만원,
로얄 스위트 55만원
체크인 10일 전까지 취소 시
100% 환불

툇마루에
앉아
감상하는
봄

힐링이라는 이름처럼 몸과 마음이 쉬어가기 좋은 곳이다.

해마루힐링숲

이 집의 매력은 툇마루다. 방에서 나와 가만히 툇마루에 앉아 있으면 멀리 바다에서부터 밀려드는 봄바람이 산들산들 온몸을 스친다. 눈앞에 펼쳐지는 풍경이 한 폭의 그림이다. 해마루힐링숲이 있는 마을은 녹색 체험 마을, 팜스테이 마을, 휴양 마을로도 이름이 높다. 김미남 씨 부부는 이 마을에 귀향한 후 한옥을 지어 숙소로 운영하기 시작했다. 강원도에서 육송을 운반해서 집을 지었고, 자재를 큰 것으로만 써서 골조가 튼튼하다. 마을에서 공동으로 운영하는 수영장이 가까이 있어 여름에는 물놀이를 하기도 좋다.

전남 해남군 북평면 동해길 108-35
010-2332-6303
haemaru.itrocks.kr
문간방 8만원, 안채 20만원(비수기 기준)
주차 가능, 취사 사능

건강한
곳에서
치유의
시간을

공간이 널찍하고 시설이 깔끔해 한옥 스테이 체험을 원하는 단체 여행객들이 자주 찾는다.

완도무릉도원

옛 방식 그대로 목재와 황토, 볏짚만 사용해 지은 친환경 한옥이다. 소재가 얼마나 큰 영향을 주랴 싶지만, 하루만 자고 나도 차이를 확연하게 알 수 있다. 몸이 개운하고 머리가 맑아지는 느낌이다. 무릉도원한옥집이 위치한 곳은 완도 내 한옥마을이다. 언덕에서 저 멀리 내려다보이는 바다가 일품이다. 가족 단위 관광객이 주 고객층으로, 그중에서도 아토피 피부염으로 고생하는 자녀를 둔 가족이 알음알음 많이 찾아온다.

전남 완도군 군외면 청해진로 548-4
061-554-7736
www.힐링펜션.kr
오후 3시 체크인, 오전 11시 체크아웃
완도무릉도원 45만원,
부뚜막아궁이방 12만원, 예울림 31만원,
바베큐 가능, 주차 가능
체크인 15일 전까지 취소 시 100% 환불

주변 관광지 — 전라도

광한루원

조선 전기에 조성된 정원인 광한루원은 소설 〈춘향전〉에서 두 주인공이 처음 인연을 맺은 장소로 등장한다. 대표 건축물은 조선시대 재상 황희가 남원으로 유배를 와 올린 누각인 광한루다. 본디 광통루라 이름한 것을 전라도 관찰사로 부임한 정인지가 이곳에 와 '달나라에 있는 궁전 광한청허지부를 닮았다'고 한 이후 광한루로 부르게 됐다. 지금의 건물은 정유재란으로 불탄 것을 1638년 재건한 것이다. 광한루 외에도 오작교, 신선이 산다는 전설의 산을 섬으로 만들어 조성한 삼신산, 완월정, 춘향 사당, 수령 420년의 버드나무 등이 유명하다. 저녁 7~8시에는 관람이 무료다.

전북 남원시 요천로 1447
063-625-4861

용담사

남원시 주천면 장벌산 초입에 위치한 사찰로 백제 성왕이 창건했다는 설, 신라 말에 도선국사가 창건했다는 설이 있다. 아담한 규모이지만 고려시대 석탑과 보물 제42호로 지정된 용담사지 석불입상이 있어 방문할 가치가 있다. 용이 되지 못한 이무기가 근처 용담천에 살면서 마을에 갖은 행패를 부리다가 고승 도선국사가 절을 짓고 용담사라 이름 지은 뒤부터 마을이 평온해졌다는 전설이 전해진다.

전북 남원시 주천면 원천로 165-12
063-632-9911

춘향테마파크

춘향을 주제로 2004년 문을 연 문화예술공간이다. 만남, 맹약, 사랑·이별, 시련, 축제를 테마로 5개의 마당을 구성하고 테마에 맞춘 전시 조형물을 설치했다. 이중 '사랑·이별의 장'은 임권택 감독의 영화 〈춘향뎐〉의 영화 촬영 세트장으로 옛 정취를 고스란히 느낄 수 있도록 조성했다. 굴렁쇠 굴리기, 북장단 맞추기 등의 다양한 전통 놀이문화 체험장이 마련돼 있어 가족 단위 나들이객이 즐겨 찾는다. 일본에 끌려가 사쓰마 도기를 만든 심당길의 12대손부터 15대손까지를 일컫는 심수관의 전시관도 자리한다. 테마파크 전망대에서는 남원산성과 남원 시내의 전경을 한눈에 담을 수 있다.

전북 남원시 양림길 14-9
063-620-5799

뱀사골 계곡

지리산한옥마을에서 차로 10분이면 닿는 계곡으로 우리나라를 대표하는 단풍 명소다. 지리산 화개재에서부터 남원시 산내면까지 흐르는 물줄기가 12km에 이른다. 봄여름에는 녹음이 짙고, 가을에는 붉게 물든 단풍이 아름다워 사람들의 발길이 끊이지 않는다. 울창한 수림 속, 기암절벽을 흐르는 물줄기를 따라 오르는 뱀사골 트레킹 구간은 4시간 30분이 소요된다. 용이 목욕을 했다고 전해지는 탁용소, 뱀사골 이름의 유래로 이무기가 죽었다는 뱀소, 바위가 빙 둘러쳐진 병풍소 등의 풍광이 아름답다.

뱀사골분소(계곡 입구)
전북 남원시 산내면 와운길 10
063-630-8950

제
주
도

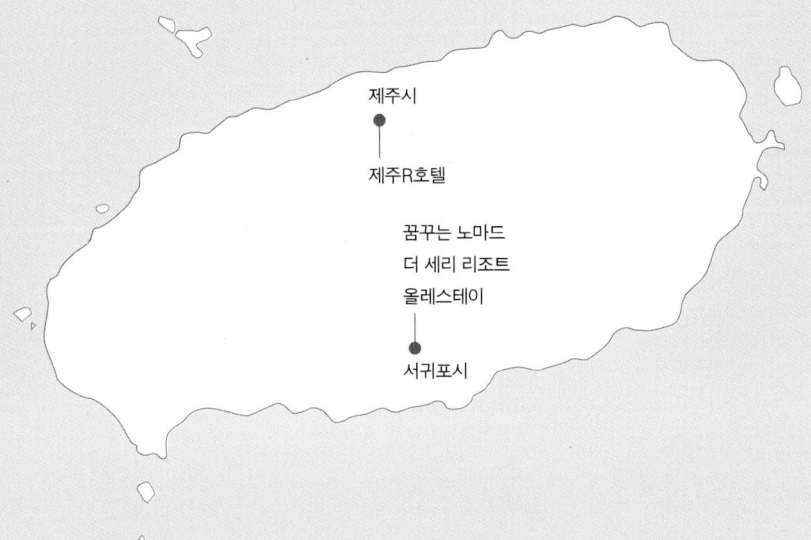

여행을 조금 더 특별하게

한적한
쉼이
있는

천장과 벽면을 흰색으로 통일하고 원목 가구를 배치해 더욱 깨끗하고 깔끔한 분위기를 연출했다.

꿈꾸는 노마드

숙소로 향하는 길, 제철을 맞아 노랗게 익은 감귤이 알알이 여물었다. 제주도에 왔음을 실감한다. 지중해풍으로 지은 '꿈꾸는 노마드'에 다가서자 잘 가꾼 정원이 눈에 들어온다. 푸릇푸릇한 정원이 딸린 숙소가 반갑다 했더니 프런트에서도 기분 좋은 나무 향기가 풍긴다.

여행을 좋아하는 부부가 휴양 펜션을 오픈한 것은 수년 전. 몇 달 전에 문을 열었다고 해도 믿을 만큼 유지가 잘되어 있다. 숙소에서 꿉꿉한 이불을 덮고 자는 것이 불편했던 주인장은 세탁업체를 이용하지 않고 직접 세탁하고 건조하는 수고로움을 마다하지 않는다. 덕분에 여행객은 보송보송한 이불 속에서 잠을 청한다. 프런트처럼 객실 안 가구도 원목으로 제작했다. 짐을 올려둔 의자, 거울 테두리, 식기를 보관한 수납장 등 손과 눈이 닿는 모든 곳이 자연이다.

3층 건물에 객실은 단 10개. 각각 $46m^2$(14평), $56m^2$(17평), $112m^2$(34평)로 크기도 넉넉하다. 전기밥솥, 전자레인지, 전기 포트 등을 갖춰 간단하게 음식을 해 먹을 수도 있다. 대표는 며칠 전 묵고 간 여행객이 "이렇게 깨끗한 숙소는 못 봤습니다. 잘 쉬다 갑니다"라는 말을 남겼다며, 관리하기 힘들어도 그런 말을 들을 때 힘이 솟는다고 미소를 지었다.

제주 서귀포시 선반로 54
064-739-3114
www.jejunomad.com
오후 3시 체크인, 오전 11시 체크아웃
원룸형 5만9천원,
원룸(테라스형) 6만9천원,
패밀리 22만원
주차 가능, 취사 가능
체크인 7일 전까지 취소 시 100% 환불

제주도라고
바다만
볼 수
있나요

걸어서 10분이면 숨골공원, 바람모루공원, 감귤길공원에 닿는다. 아이들과 한나절 나들이 코스로 그만이다.

더 세리 리조트

장시간 비행을 견디기 어려워하는 아이들 때문에 영·유아 동반 가족은 해외여행이 부담스럽다. 비행기로 약 1시간이면 도착하는 제주도가 아이를 동반한 여행객에게 인기가 높은 이유다. 호텔이 많아도 너무 많은 제주에서 차별화된 가족 숙소를 꼽는다면 바로 더 세리 리조트이다. 무엇보다 아이와 어른 모두 만족할 만큼 부대시설이 다채롭다.

3,900m^2(1200평)에 달하는 미로공원은 무성한 잎의 동백나무 3,500그루로 길을 만들었다. 곳곳에 자리한 아기자기한 포토존에서 추억을 남겨본다. 밤이 되면 화려한 조명으로 분위기가 무르익는다. 체감 속도 100km로 달리는 레이싱 카트는 사시사철 스릴을 즐기는 레이서가 줄을 잇는다. 동백나무와 돌담 사이를 지나는 힐링 승마도 빼놓을 수 없다. 수온을 35도로 유지하는 미니 풀장은 5~10월 동안 운영한다. 이외에 2층에 비치한 젖병 소독기까지 세심한 배려가 돋보인다.

방은 베드룸과 패밀리룸으로 나뉜다. 패밀리룸은 거실형과 온돌을 함께 제공한다. 온돌은 여독에 지친 몸을 지지며 피로를 풀기 제격이다. 최대 150명까지 수용 가능해 수학여행 숙소로도 인기다. 모든 학생이 침대에서 편하게 휴식을 취할 수 있을 만큼 큰 규모를 자랑한다.

제주 서귀포시 법환상로 2번길 97-17
064-739-9966
www.seriworld.co.kr
오후 4시 체크인, 오후 12시 체크아웃
슈퍼리어 패밀리 19만원,
디럭스 패밀리 16만원, 디럭스 트윈 10만원
주차 가능, 조식 가능(객실 내 취사 불가)
체크인 11일 전까지 취소 시 100%

올레길을
사랑하는
이들이
모여

이중섭 거리, 올레시장과 걸어서 약 10분 거리이고 번화가도 멀지 않아 저녁에도 돌아다니기 좋다.

올레스테이

3층짜리 옛 병원 건물이 제주 올레길을 걷는 올레꾼의 보금자리가 되었다. 1층은 공방과 청년올레 식당 등이 자리한다. 낯선 여행지에서 맛있는 밥집을 찾아 헤맬 필요 없고, 실력과 맛을 겸비한 청년 셰프의 음식을 맛볼 수 있으니 일거양득이다. 2층 제주올레 사무국을 지나 3층이 숙소인 '올레스테이'다. 한 층 한 층 계단을 올라가는 내내 눈이 즐겁다. 제주 풍경을 그린 수채화 작품과 제주올레 엽서 공모전 당선 작품이 벽을 장식한다. 오늘 보았던 제주를 다시 눈에 담거나, 아직 못 가본 곳 중 기대되는 여행지를 골라본다.

    총 14개의 방이 각기 다른 모습으로 여행객을 맞는다. 14명의 작가가 제주 올레길을 걸은 후 자신만의 방식으로 표현했다. 일반 숙소로 알고 예약한 사람도 제주 올레에 흥미를 갖는단다. 올레스테이의 콘셉트는 비움. 온전히 쉬길 바라는 마음을 담아 침구와 최소한의 물품만 비치했다. 방의 여백은 햇볕이 채운다. 10인실 도미토리 룸에는 침대마다 개인 조명과 커튼을 달아 사생활을 보호한다. 커튼은 서문시장에서 구입한 광목으로 제작했는데, 마을 주민과 상생하고 지역 발전을 이루기 위한 작은 실천이다.

제주 서귀포시 중정로 22
064-762-2167
www.jejuolle.org
오후 4시 체크인, 오전 10시 체크아웃
1인실 3만8천원, 2인실 6만원,
4인실 2만2천원, 5인실 2만2천원
주차 가능, 취사 불가
체크인 5일 전까지 취소 시 100% 환불

푸른
제주를
닮은

호텔 앞 버스정류소에서 281번·181번 버스를 타면 곧장 한라산 성판악 매표소에 도착한다.

제주R호텔

제주국제공항에서 차로 10분 거리, 제주시외버스터미널에서는 걸어서 5분 거리에 위치한다. 여관을 리노베이션한 호텔은 밝은 오렌지색으로 새 옷을 입은 덕분에 분위기가 산뜻하다. 다양한 보드게임과 미니 농구대 등을 갖춘 로비에 들어서자 객실에서는 음식물을 섭취할 수 없다는 문구가 눈에 들어온다. 다른 여행자들과 소통하길 바라는 점장의 제안이란다.

아침엔 지하 1층에서 토스트, 커피, 주스 등을 무료로 제공한다. 드레스룸에는 헤어드라이어는 물론 헤어 롤도 준비되어 있다. 여행 중이라고 질끈 묶던 머리와 모자는 이제 그만. 든든하게 속을 채우고 제대로 멋까지 냈으니 출발 전부터 여행길이 즐겁다.

제주 제주시 서광로14길 5
064-757-7734
www.jejurhotel.com
오후 4시 체크인,
오전 11시 체크아웃
[2인실] 더블·트윈 5만9천원,
[3인실] 더블+싱글베드 7만5천원
주차 가능, 취사 불가
체크인 7일 전까지 취소 시
100% 환불

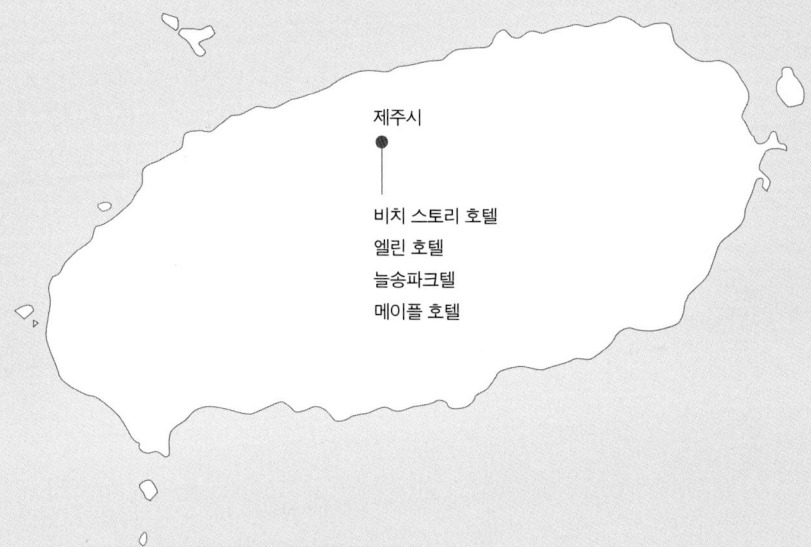

푸른 밤의 따뜻한 꿈

| 고요히
해변을
바라보며 | 해변에서 한바탕 놀기에도 올레길에서 나만의 시간을 갖기에도 모자람이 없다.

비치 스토리 호텔

함덕 해변을 따라 우후죽순 들어선 숙소들 가운데 부담스럽지 않은 친절과 편안한 응대로 사랑받고 있는 호텔이다. 객실은 총 46실로 온돌, 더블, 트윈 타입으로 구성되어 있다. 조천 만세동산에서 김녕 서포구까지 이어지는 올레길 19코스의 중간 지점에 위치해 도보 여행객들도 즐겨 찾는 데다 재방문율이 50%나 될 만큼 단골도 많다.

게스트하우스의 서비스를 유연하게 적용해 공용 주방과 세탁실을 마련했다. 프런트 데스크 앞, 32명을 수용할 수 있는 공용 주방에서는 매일 저녁 6시부터 9시까지 인덕션, 전자레인지를 이용한 간단한 취사가 가능하다. 프런트 데스크에서 세재를 구입하면 세탁기를 무료로 이용할 수 있다. 조식은 오전 8~9시 사이에 무료로 제공된다. 안주인이 직접 만든 한라봉 마멀레이드, 블루베리 드레싱을 곁들인 양배추 샐러드, 비트를 우린 차, 토스트를 맛볼 수 있다. 함덕 번화가에서 살짝 빗겨나 있어 비교적 조용하다. 제주 시내에서 자동차로 1시간 정도 소요된다.

제주 제주시 조천읍 조함해안로 492-5
064-784-7400
www.beachstoryhotel.com
오후 3시 체크인, 오전 11시 체크아웃
온돌·더블 6만원, 트윈 7만원
(7·8월 제외한 주중, 주말 요금 동일)
주차 가능,
취사 가능(공용 주방, 객실 내 불가),
장애인 객실 있음
체크인 7일 전까지 취소 시 80% 환불

'누구'나
동등하게
편안한

'다름'은 '틀림'이 아니라는 것을 몸소 실천하고 있는 반가운 곳이다.

엘린 호텔

라틴어로 '행복한'이라는 뜻의 엘린 호텔은 보건복지부에서 지정한 중증 장애인 직업재활시설이자 사회적기업이다. 수익금 전액은 장애인 일자리 창출과 장애인 복지에 쓰인다.

스탠더드, 더블, 디럭스 트윈, 스위트로 구성한 32실의 객실은 반짝반짝 빛이 난다. 호텔을 총괄 운영하는 한봉금 원장은 호텔 이곳저곳을 돌면서 문틈, 몰딩 표면의 먼지까지 세심하게 살핀다. 객실에 비치되는 슬리퍼와 컵은 모두 자외선으로 살균할 만큼 청결에 신경을 쓴다고. 전동 휠체어, 휠체어 리프트, 점자 안내판 등 장애인을 위한 BF 시설도 꼼꼼히 채비했다.

공익적인 성격으로 운영하는 만큼 편안하고 안전해 가족 단위 여행객이나 혼자 여행하는 여성에게 특히 좋은 선택지이다. 40명 규모의 세미나 공간도 마련되어 있다.

제주 제주시 은남1길 4
064-743-5600
www.hotelelin.com
오후 2시 체크인, 정오 체크아웃
스탠더드 더블 9만원,
슈페리어 트윈 10만원,
패밀리 스위트 15만원
(비수기 주중 기준)
주차 가능, 취사 불가,
장애인 객실 있음
체크인 10일 전까지 취소 시
100% 환불(성수기 기준)

클래식한
멋의
인테리어

각자의 빛을 발하며 공존하는 과거와 현재가
마음을 사로잡는다.

늘송파크텔

늘송파크텔은 뉴트로라는 말이 꽤 잘 어울리는 곳이다. 리모델링을 거쳐 깔끔해졌지만, 오랜 세월 간직해온 클래식한 멋을 버리지 않았다. 로비의 커다란 거울, 금빛 글자가 빛나는 원목 괘종시계, 오랜 시간 잘 가꾼 화초 등 아이템이 호텔의 적소에서 빛난다.

객실 바닥과 벽은 요즘의 인테리어 트렌드에 맞게 단색으로 꾸몄다. 화장실은 욕조를 뜯어내고 샤워부스를 설치했고, 그레이 톤의 타일을 시공해 말끔해졌다.

이미지룸, 온돌룸, 트윈 베드룸으로 구성한 객실은 총 24실이다. 6층 건물이지만 5층까지만 호텔로 운영한다. 주인장이 꼭대기 층에 거주한다는 점에 왠지 모르게 안심이 된다. 조식을 제공하지 않고 비즈니스 공간도 없지만, 주변 인프라가 잘되어 있어 불편하지 않다.

제주 제주시 원노형 5길 22
064-749-3303, 010-9264-4831
www.nepark.co.kr
오후 2시 체크인, 오전 11시 체크아웃
이미지룸·온돌룸 4만원,
트윈 베드룸 5만원(비수기 주중 기준)
주차 가능, 취사 불가
체크인 10일 전까지 취소 시
100% 환불

한 땀
한 땀
세심한
서비스

전기차 충전기도 곧 들어온다고 하니,
무엇 하나 걱정할 것이 없다.

메이플 호텔

온종일 고객을 편의를 위해 분주한 주인장이 운영하는 겸손한 호텔이다. 시트는 매일 직접 세탁하고, 오점이 난 것은 가차 없이 폐기한다. 베개와 오리털 침구는 옥상에서 햇볕 살균한다. 환기에 특히 신경 쓰는 편이라 투숙객이 퇴실한 직후부터 객실의 창문과 출입문을 열고 공기 정화를 위해 초를 켠다. 계절이 바뀔 때마다 온 가족(가족이 운영하는 호텔이다)이 모여 호텔 대청소를 한다.

손님이 요구할 경우를 대비해 우산, 돼지코, 전기장판 등 웬만한 것들은 넉넉히 갖춰두었다. 택배를 보내주거나 받아주기도 한다. 차 없이 여행하는 투숙객에게는 택시를 불러 짐도 실어주고, 두 손 흔들며 환송한다. 가을이면 프런트 데스크에 마련된 바구니에 귤 떨어질 날이 없다. 다정한 서비스 덕에 내국인 외국인 가리지 않고 단골이 많다.

트윈, 더블, 패밀리 타입으로 나눈 객실은 총 36실이다. 객실에 들인 가구는 모두 원목으로 맞췄다. 따로 컴퓨터는 없지만 요청하면 노트북 대여가 가능하다. 1층 프런트 데스크 옆에 작은 공용 공간이 있다.

제주도 제주시 원노형3길 41
064-745-6775-6
www.hotelmaple.com
오후 2시 체크인, 오전 11시 체크아웃
트윈룸 9만원, 더블룸 8만원,
패밀리룸 15만원(비수기 주중 기준)
주차 가능, 취사 불가,
장애인 객실 있음
체크인 7일 전까지 취소 시 100% 환불

제주도 주변관광지

용두암

역시, 오래된 여행지는 꼭 가봐야 한다. 70년대 제주로 신혼여행 온 부부들의 필수 관광 코스였던 용두암. 바닷속 용궁에서 살던 용이 한라 신령의 옥구슬을 훔쳐 하늘로 오르려다 들켜 그대로 굳었다는 전설이 전해지지만, 실은 화산이 폭발할 때 용암이 굳어 형성된 기암이다. 수면 아래로 30m의 바위가 용의 몸을 닮았고, 수면 위로 솟은 10m의 바위가 용의 머리를 닮아 용두암으로 불린다. 인근 용연 구름다리까지는 도보 5분 거리, 다리를 건너면 용연계곡의 산책길로 이어진다. 용연계곡은 쇠소깍과 비슷한 정취다. 용두암, 용연구름다리, 용연계곡까지 천천히 둘러보아도 1시간이면 족하니, 꼭 가볼 것!

제주 제주시 용두암길 15

함덕해수욕장

비치 스토리 호텔 바로 앞에 자리한다. 바다를 따라 서우봉까지 이어진 산책길이 백미. 서우봉은 해발 113.3m의 기생화산으로 삼별초군이 마지막까지 몽골에 저항하며 전투를 벌인 곳이다. 이 길은 올레길 19코스의 일부 구간이다. 해변을 따라 걸으면 왕복 2.5km쯤 되는데 주변 풍경이 다채로워 짧게 느껴진다. 일몰 시간에 맞춰 산책하면 서쪽 하늘로 해 지는 풍경을 만끽할 수 있다. 발아래로는 각자의 방식으로 삶을 즐기는 해변 사람들이 한눈에 보인다.

제주 제주시 조천읍 조함해안로 519-10
064-728-3394

제주 한라수목원

도심 숙소에서 차로 10분 거리에 위치한 한라수목원은 제주 자생식물의 유전자원을 수집하고 보존하기 위해 조성됐다. 교목원, 관목원, 죽림원, 도외수종원, 수생식물원 등 전문 수종원 10개원과 산림욕장, 부대시설이 넓게 분포돼 있다. 야외 전시원과 산책로는 연중 상시 개방하기 때문에 이른 새벽, 늦은 밤에도 탐방이 가능하다.

제주 제주시 수목원길 72
064-710-7575

만장굴

700만 년 전 형성된 동굴로 총 길이 7.4km 중 제2입구부터 용암석주까지 약 1km 구간이 공개되어 있다. 하이라이트는 공개 구간 끝에 거대한 트로피처럼 서 있는 용암석주다. 7.6m의 높이로 세계에서 가장 큰 규모로 알려져 있다. 천연기념물 제98호, 유네스코 세계자연유산, 세계지질공원 대표 명소이다.

제주 제주시 구좌읍 만장굴길 182
064-710-7905

이중섭 미술관

불운한 시대의 천재화가로 일컬어지는 대향 이중섭 화백과 근현대화가의 작품을 전시하고 있다. 이중섭은 11개월 동안 서귀포시에 거주하면서 서귀포의 아름다운 풍광과 넉넉한 이 고장 인심을 소재로 하여 '서귀포의 환상' 등 많은 작품을 남겼다. 이중섭거리와 이중섭 생가를 함께 둘러보자.

제주 서귀포시 이중섭로 27-3
064-760-3567

원저작자 표기

지역	숙소명	글	사진	편집
서울	57 명동호스텔	문유선	문유선	박은경
	게스트하우스 서울삼촌	정태겸	장은주	
	경복궁24게스트하우스	문유선	문유선	박은경
	호텔 나포레	문유선	문유선	박은경
	담소정	문유선	문유선	박은경
	르와지르 호텔 서울 명동	문유선, 정태겸	문유선, 장은주	박은경
	문게스트하우스	문유선	문유선	박은경
	서머셋 팰리스 서울	문유선, 정태겸	문유선, 장은주	박은경
	서촌게스트하우스	문유선	문유선	박은경
	시은재한옥호텔	문유선	문유선	박은경
	어반 플레이스 강남	문유선	문유선	박은경
	청연재	문유선	문유선	
	호텔 루체브릿지	문유선	문유선	박은경
강원도	강과 소나무 펜션	문유선	문유선	박은경
	강릉선교장	문유선, 정태겸	문유선, 신규철	박은경
	강릉오죽한옥마을	김규보	박정우, 문유선	
	북설악황토마을	문유선, 정태겸	문유선, 신규철	박은경
	숲속의 요정	문유선	문유선	
	춘천일기스테이	문유선	문유선	박은경
	MGM 호텔	김규보, 문유선	박정우, 문유선	박은경
	위드유	문유선	문유선	박은경
	태백산 한옥펜션	문유선	문유선	박은경
	아마란스 호텔	문유선	문유선	박은경
	호텔K	김현정	신규철	
	힐리언스 선마을	문유선, 정태겸	문유선, 박은경	박은경
부산	레지던스 머뭄	문유선, 박은경	문유선, 박은경	박은경
	르이데아호텔	김애진, 정복신	김애진	박은경
	베스트루이스해밀턴호텔	문유선	문유선	박은경
	비센트	김현정, 문유선	문유선, 장은주	박은경
	선셋호텔	김현정, 문유선	문유선, 장은주	박은경
	센트럴파크호텔	김애진, 정복신	문유선	박은경
	아르반호텔	김현정, 문유선, 박은경	문유선, 박은경, 장은주	박은경
	지앤비호텔	김애진, 정복신	김애진	박은경
	코오롱씨클라우드호텔	김애진, 정복신	김애진	박은경
	크라운하버 호텔 부산	문유선, 박은경	문유선, 박은경	박은경
	해운대비지니스호텔S	김현정, 문유선	문유선, 장은주	박은경
	더 마크호텔	문유선	문유선	박은경

지역	숙소명	글	사진	편집
경상도	141미니호텔	문유선	문유선, 박은경	박은경
	블루보트 게스트하우스 (경주점)	문유선	문유선, 박은경	박은경
	소설재 (첨성대점)	김현정	장은주	
	송정 고택	문유선	문유선	박은경
	신라부티크호텔 프리미엄	김현정	장은주	
	와담정 & 경주한옥1번가	문유선	문유선, 박은경	박은경
	이상루	문유선	문유선	박은경
	전통 리조트 구름에	문유선	문유선	박은경
	찰방공 종택	문유선	문유선	박은경
	창실 고택	문유선	문유선	박은경
	청원당	문유선	문유선	박은경
	치암 고택	문유선	문유선	박은경
	학봉 종택	문유선	문유선	박은경
	향단	김현정	장은주	
전라도	남원예촌	문유선	문유선	박은경
	마리나베이호텔	표다정	장은주	박은경
	메이드 모텔	문유선	문유선	
	산에는 꽃이 피네	표다정	장은주	
	샤르망호텔	표다정	장은주	
	설아다원	정태겸	신규철	
	완도무릉도원	정태겸	신규철	
	완도원네스리조트	정태겸	신규철	
	이화호텔	김현정	장은주	
	인연	김현정	장은주	
	지리산한옥마을	문유선	문유선	박은경
	한옥이야기	김현정	장은주	
	해마루힐링숲	정태겸	신규철	
제주도	꿈꾸는 노마드	표다정	신규철	
	늘송파크텔	문유선	문유선	
	더 세리 리조트	표다정	신규철	
	메이플 호텔	문유선	문유선	
	비치 스토리 호텔	문유선	문유선	
	엘린 호텔	문유선	문유선	
	올레스테이	표다정	신규철	
	제주R호텔	표다정	신규철